本书为教育部人文社科项目（17YJA752015）成果

五四以来中英文化圈对话与互鉴研究

宋 文 / 著

东南大学出版社
SOUTHEAST UNIVERSITY PRESS
·南京·

内 容 提 要

中国式文化现代化是中国现代化的重要基础和组成,而中国式文化现代化亦是中国多重现代性建构的重要来源。在中国多重现代性建构的进程中,中英文学、文化圈的交流与碰撞是重要内容和特征。本书试图在铺陈五四以来这种交流与碰撞的基础上,梳理中英文学、文化圈中关键人物的交流和交融的特征及在建构中国多重现代性中的作用。

图书在版编目(CIP)数据

五四以来中英文化圈对话与互鉴研究 / 宋文著. —南京:东南大学出版社,2023.12
ISBN 978-7-5766-1047-5

Ⅰ. ①五⋯ Ⅱ. ①宋⋯ Ⅲ. ①中英关系-文化交流 Ⅳ. ①G125②G156.15

中国国家版本馆 CIP 数据核字(2023)第 250481 号

责任编辑:刘　坚(liu-jian@seu.edu.cn)　　责任校对:李成思
封面设计:毕　真　　责任印制:周荣虎

五四以来中英文化圈对话与互鉴研究
Wusi Yilai Zhongying Wenhuaquan Duihua Yu Hujian Yanjiu

著　　者	宋　文
出版发行	东南大学出版社
出 版 人	白云飞
社　　址	南京市四牌楼 2 号(邮编:210096　电话:025-83793330)
经　　销	全国各地新华书店
印　　刷	广东虎彩云印刷有限公司
开　　本	787 mm×1092 mm　1/16
印　　张	12.25
字　　数	270 千字
版　　次	2023 年 12 月第 1 版
印　　次	2023 年 12 月第 1 次印刷
书　　号	ISBN 978-7-5766-1047-5
定　　价	78.00 元

本社图书若有印装质量问题,请直接与营销部调换。电话(传真):025-83791830

目录

绪 论 ··· 001
 1. 前期研究 ·· 004
 2. 研究方法 ·· 012
 3. 研究内容 ·· 012

第一章 中英文化圈对话的基础：对异质性的包容和国际化视野 ········ 017
 第一节 布鲁姆斯伯里文化圈的"文明个人" ···························· 022
 第二节 新月社的绅士风情 ·· 032
 第三节 两个文化圈的遇合 ·· 039
 小 结 ·· 045

第二章 追赶现代和热爱古典：徐志摩和狄金森的剑桥相遇 ············ 049
 第一节 "我上辈子是中国人"——狄金森 ···························· 051
 第二节 "从罗素"——徐志摩的剑桥交游 ···························· 055
 第三节 "新月下的夜莺"——徐志摩的翻译和创作 ·················· 059
 小 结 ·· 065

第三章 翰墨因缘：凌叔华和伍尔夫的现代主义对话 ···················· 067
 第一节 朱利安-凌叔华-叶君健文学网络 ···························· 069
  1. 朱利安与凌叔华 ·· 069
  2. 朱利安和叶君健 ·· 072
 第二节 伍尔夫和凌叔华的通信 ·· 076
 第三节 文化翻译——凌叔华小说创作 ································ 080
 小 结 ·· 087

第四章　现代化"蓝图":萧乾和福斯特的"私人关系" ·············· 089
　第一节　福斯特与萧乾的"友谊公报" ······················· 091
　第二节　萧乾的现代主义探究和现代乌托邦的追寻 ··············· 095
　第三节　"沟通土洋"——萧乾的中国文化译介 ················· 102
　小　结 ··· 109

第五章　旋转在静止中:卞之琳和艾略特的"主智诗" ··············· 111
　第一节　艾略特和"诗人俱乐部" ························· 113
　第二节　卞之琳现代诗译介和创作 ························· 118
　小　结 ··· 125

第六章　意义的意义:瑞恰慈和赵毅衡的形式论 ················· 127
　第一节　瑞恰慈的中国梦想 ····························· 129
　第二节　新批评的中国译介 ····························· 134
　第三节　赵毅衡从"形式-文化论"到广义符号学 ················ 138
　小　结 ··· 145

第七章　中和之美:跨文明对话和互鉴凸显文化多样性 ··············· 147
　第一节　从形式突围,视觉和文字相融合 ···················· 149
　　1. 弗莱和贝尔的"有意味的形式" ······················· 149
　　2. 伍尔夫小说中的造型感 ···························· 154
　　3. 庞德的"汉字诗学" ······························ 159
　第二节　"化古化欧",中国传统和现代性的对接 ················ 165
　　1. 凌叔华的文人画 ································ 165
　　2. 卞之琳的现代诗 ································ 171
　小　结 ··· 175

参考文献 ··· 177

绪 论

绪 论

二十世纪二三十年代,中国留英(美)文人学者团体新月社和英国布鲁姆斯伯里文化圈(Bloomsbury Group),因在组成形式和美学趣味上均相似,再加上主要成员之间的直接接触或书信往来而在中英文化交流史上留下重要的一章。通过对英国和中国文化圈文化交往的梳理,本书试图在纵向历史维度铺陈五四以来中英文学和文化相互碰撞和交融的谱系,勾勒中英在现代性进程中出现的"时间差",以比较文学平行研究和影响研究为纲要,来探究中英文化接触与交流带来的中国多重现代性建构历程问题。

无论是辗转于北京、上海双城间的新月社,还是迁移在伦敦和查尔斯顿庄园的布鲁姆斯伯里,两个文化圈都由一群精英知识分子构成,相对松散,他们崇尚卓越心智、趣味高雅与精神独立。布鲁姆斯伯里文化圈成员因高居象牙塔、反战主张而遭人诟病。正如伍尔夫(Virginia Woolf)自称雅人,布鲁姆斯伯里文化圈成员一向以高雅趣味的美学观著称,杰拉尔德·布雷南(Gerald Brenan)评述布鲁姆斯伯里文化圈"待人真诚,智力过人,有高雅的品位,出于兴趣献身艺术和懂人情世故",但必须承认的是,他们集体地"生活在象牙塔里"(罗森鲍姆,2006b),他们生活在情深意浓的小圈子里,乐意遵循自己的生活方式,信奉狭隘而自命不凡的剑桥哲学。贝尔(2006)总结这个团体总是热衷于谈话,"他们理智地谈论所有的问题,像朋友一样促膝交流,彼此之间也都情谊深厚。实际上,他们相信和平而理性的讨论"。

按王晓渔(2007)的定义,可以把新月社归类于社团知识分子:他们因为教育背景的相近,性情气息的投合,观念趣味的认同,而催生出一些交往共同体,他们参与的社会、文化、政治活动兼具公共性和私人性,诸如聚餐、办刊、演剧、论争等。新月社在20世纪20年代的中国文学、文化与政治场域里,显得不合时宜,他们被批评守着"象牙塔"趣味,在追求现代性的过程中留下落寞的背影。其成员更由于和左翼文学代表人物的论战,在20世纪下半叶曾被长期指责为"反动",其社会属性被定为"买办资产阶级"。

布鲁姆斯伯里文化圈有意识地对于维多利亚时代风格和价值观念的拒绝,使得现代主义的新风能够流畅地涌入布鲁姆斯伯里那些离经叛道的艺术家的心灵,同时在现代主义的建构中表现出世界主义的倾向。新月社成员在理念和生活方式上都与布鲁姆斯伯里团体极其相似,然而他们对中国传统文化和道德的反叛没有布鲁姆斯伯里人来得彻底和决绝。

中英两个文化圈彼此间勇敢地跨越封闭的文明之墙,互为"他者"观看,并借他者之眼回望自身文明,为跨文化的对话交流与文明互鉴做出积极努力。与此同时,两个文化圈的主要成员通过举办美术展览、开设讲座、创办出版社或刊物,加上大量文化翻译和创作,担负起公共知识分子的责任,走上普及高雅文化工作之路,改变了普通大众的审美,为现代性知识生产做出贡献。

1. 前期研究

从跨文化比较研究的视角打量中英两个文化圈的文化交往是近年来国内外研究热点之一,涌现出一批新成果。彼得·斯坦斯基(Peter Stansky)和威廉·亚伯拉罕(William Abrahams)合作的《到前线去:朱利安·贝尔和约翰·康福德的生活及1930年代》于1966年由伦敦康斯特布尔出版,第一次把"新月派"和"布鲁姆斯伯里"放在一起讨论,专辟一章"朱利安·贝尔在中国",根据朱利安(Julian Bell)写给亲朋好友的大量信件还原其在中国的真实境遇,特别是凌叔华和朱利安的恋情。2012年,彼得·斯坦斯基和威廉·亚伯拉罕的新书《朱利安·贝尔:从布鲁姆斯伯里到西班牙内战》由斯坦福大学出版,该书得到昆汀·贝尔(Quentin Bell)夫妇的支持,补充了记录朱利安生活及其他方面的大量资料,尽可能详尽地写朱利安的故事,具备了历史真实感。然而视野的单向性注定了两部著作男性和西方视角的局限性。

朱利安·贝尔所著《散文、诗歌与信件》,由弟弟昆汀·贝尔编辑,1938年由霍加斯出版社出版,其中包括朱利安在中国期间写给家人和朋友的70多封信件。而朱利安写给凌叔华的20余封信件,目前收藏在纽约公共图书馆Berg Exhibition Room。《瓦奈莎·贝尔书信集》在1994年由伦敦布鲁姆斯伯里出版社出版,瓦妮莎·贝尔(Vanessa Bell)给朱利安的多封信件为研究凌叔华和朱利安的关系提供了一个从母亲角度的叙述。

根据朱利安·贝尔所著《散文、诗歌与信件》,创作于1997年的作家虹影的

绪 论

《K：爱的艺术：基于一个真实的故事》于1999年由台湾尔雅出版社出版，经英国翻译家妮基·哈曼(Nicky Harman)和赵毅衡合作译成英文，在2002年由马里恩让波雅尔出版有限公司出版。虹影的K形象是东方的和女性主义的，她以女性身体书写、女性欲望释放来表达对于人性和命运的体认，甚至以中国传统房中术的性智慧来对抗西方先锋派自由无忌的性关系。虹影的书引发了一场名誉诉讼案，2001年，凌叔华和陈西滢的女儿陈小滢把虹影和《K》上诉至北京海淀区法院，要求终止《K》的出版和刊载。2003年7月，法院裁决，允许《K》改名为《英国情人》，同意春风文艺出版社发行。2013年，江苏文艺出版社出版了修订版的《K：英国情人》，并注明本小说女主人公纯属虚构。赵毅衡尚为旅英学者时，在2002年出版了《伦敦浪了起来》，他论及布鲁姆斯伯里文化圈的往事，并梳理出布鲁姆斯伯里和中国文人交往的脉络。在《对岸的诱惑》中，他(2013b)提及徐志摩、朱利安、萧乾等中西文人对于中英文化交流所做的贡献。

在凌叔华妹妹凌淑浩的外孙女魏淑凌(Sasha Su-Ling Welland)所写的《家国梦影》中，作者在对外婆家族史和个人奋斗史了解的同时，萌发了研究姨婆凌叔华的文学创作和人生道路的兴趣。作者也谈到凌叔华和朱利安的恋情，以及在伦纳德·伍尔夫(Leonard Woolf)的帮助下，凌叔华的英文自传《古韵》在1953年由霍加斯出版社出版。美籍中国近代史学者罗久芳的推荐理由是"本书从历史、文化、心理等角度来探讨一个家族的奥秘与兴衰，跨越了四代人、一个世纪和三个国度，不仅有细致的史实叙述也有深刻的观察与反思"(魏淑凌，2008)。

吴鲁芹写的《文人相重：台北一月和》中有个章节是"维吉尼亚·吴尔芙与凌叔华"，他下笔非常小心，只是涉及朱利安由中英庚款聘到武汉大学来做客座教授，不提凌叔华和朱利安的关系。作者说写此书的动机原是要为"文人相重"举实例。吴鲁芹(2009)认为"对吴尔芙和凌叔华二人都有研究的是叶公超和在大陆的萧乾"。

美国明尼苏达大学张文英(Wenying Zhang)(2001)的博士论文《布鲁姆斯伯里集团与新月派的接触与比较》勾勒了徐志摩与罗杰·弗莱(Roger Fry)、高尔斯华·娄易斯·狄金森（Goldsworthy Lowes Dickinson）的互动关系，并论述了伍尔夫的外甥、布鲁姆斯伯里集团第二代成员朱利安·贝尔在二十世纪三十年代在武汉大学教学期间和新月小说家凌叔华的恋情，由此直接催生出凌叔华的英文自传体小说《古韵》。作者以这两次两个文化团体的实际接触，比较中英文学文化的异同，得出的结论是新月作家在创作上吸收外来影响与继承传统并重。

美国伍尔夫学者帕特丽卡·劳伦斯（Patricia Lawrence）（2008）在专著《丽莉·布瑞斯珂的中国眼睛》中，通过伍尔夫创造的女性艺术家布瑞斯珂的"中国眼睛"，透视二十世纪二三十年代英国"布鲁姆斯伯里文化圈"与中国"新月派"诗社之间的对话和交往，回顾和总结英国人认识、接受和融合中国文化的历史、途径及表现形式。不过她的研究聚焦布鲁姆斯伯里文化圈，并未深入探讨英国人向往的东方文明的渊源和意蕴。

国内学者也对这一课题表现出极大的热情。宋韵声（2015）从文化比较研究的视角，论述二十世纪初英国布鲁姆斯伯里文化团体和中国文化团体新月社和京派作家发生的直接接触和思想交流。设专章研究的英国作家仅伍尔夫一人，侧重于走进布鲁姆斯伯里文化圈的中国作家徐志摩、凌叔华等。宋韵声研究以文献事实为主，理论为辅。

俞晓霞（2012b）的博士论文《精神契合与文化对话——布鲁姆斯伯里集团在中国》把重点放在发掘布鲁姆斯伯里团体与中国文论文化的关系，通过论述布鲁姆斯伯里团体和"京派""新月派"等文学团体之间的整体文化品格、个体交往影响、文学团体比较、知识分子精神、现代主义诱惑、文化对话与误读等多个角度，指出中英知识分子在文化认同和精神契合层面的有趣交集：有近似的沙龙、办刊、演戏等组织形式，共同的思想及艺术倾向。作者揭示了民国时期的中国知识分子对布鲁姆斯伯里的现代主义思潮既认同又抗拒、既吸纳又踌躇的矛盾心态，并通过解析双方在文化交流中出现的对话和误读现象，显示出东西方文化交流过程中双向交流的可能性与艰难性，这恰也在一定程度上保证了异质文化的吸引力和自主性。俞晓霞揭示了二十世纪二三十年代的英国布鲁姆斯伯里文化圈和中国留英文人呈现双向交流的态势，在异质文化相互吸引的同时，也造成有意无意的误读。

在《"布鲁姆斯伯里团体"现代主义与中国文化关系研究》专著中，杨莉馨和白薇臻（2022）将现代主义视为具有跨国特征与多元文化渊源的美学运动，主要以由英国剑桥大学的精英知识分子组成的文艺美学团体"布鲁姆斯伯里团体"成员与中国文化的关联以及他们对中国道德价值、美学思想的汲取为个案，深入探讨了中国文学和文化怎样在转换与变形的过程中及背景下助推了英国现代主义的生成；同时，通过考察西方的中国观念与中国形象演变的大背景，从中英文学及双方文化交流史这一角度，重点分析了19世纪末到20世纪上半叶一战前后英国知识分子对中国态度转变的内外部原因，揭示了中国文化参与世界文明现代性构建的重要贡献，弥补了中西文化关系研究中的薄弱环节。

陈倩（2004）的硕士论文《"和而不同"——"布鲁姆斯伯里"与"新月"》试图系统而深入地探寻这场跨文化精英对话区别于其他中西交流关系的"和而不同"的特色，以及这种特色形成的两个重要原因：精英阶层的群体认同和中西文化传统的会通、此特色对各自文化发展的贡献和意义。儒家实用理性的一面与英国哲学经验主义——功利主义的一面分别影响了他们，而这两种传统表面歧异下的会通成分同时为对方所关注到，从而产生真正思想与学理层面的共鸣。伍娟娟（2010）的硕士论文《二十世纪二三十年代新月派对布鲁姆斯伯里的接受》，选取新月派成员萧乾、徐志摩、叶公超、邵洵美、林徽因和凌叔华等人与布鲁姆斯伯里的伯特兰·罗素（Bertrand Russell）、弗吉尼亚·伍尔夫、E. M. 福斯特（E. M. Forster）和朱利安·贝尔等人在中西文化的交流，从女权主义、意识流小说创作手法、反机械主义和现代性艺术等几个方面论述新月派受到布鲁姆斯伯里文化圈的影响，肯定他们为中西文化交流所做的贡献。

杨莉馨（2009）在其论文《论"新月派"作家与伍尔夫的精神契合与文学关联》中指出，"新月派"作家灵魂人物徐志摩以及文学中坚林徽因等均与英国"布鲁姆斯伯里团体"的精神领袖弗吉尼亚·伍尔夫存在着深刻的精神契合与文学关联。她还针对伍尔夫的汉译与接受史，突出"京派"作家对"布鲁姆斯伯里团

五四以来中英文化圈对话与互鉴研究

体"精神领袖伍尔夫的现代主义美学和意识流小说的仰慕,是其审美主义旨趣和推进中国文学现代性进程的自觉意识共同作用的产物。张意(2016)的《新月派与布鲁姆斯伯里派的文化交往》一文平行比较了中英两个文化圈的成员习性、精神特质及其不合时宜的主张,观察他们之间的交流关系,她把两个文化圈的文化交往定义为同情性的文化误读,并视其为20世纪上半叶文学多元化现代性追寻的重要文本。

国外对布鲁姆斯伯里文化圈的研究成果较为丰富。昆汀·贝尔(2006)在《隐秘的火焰:布鲁姆斯伯里文化圈》一书中总结布鲁姆斯伯里倡导一种理性、平和、自由和友爱的生活。季进在此书的译后记中记述,布鲁姆斯伯里"与中国的一些文人也有较为特殊的关系,两者之间的交往,一直是我感兴趣的话题。套用克莱夫·贝尔(Clive Bell)的著名概念'有意味的形式',布鲁姆斯伯里与中国的关系也是一个'有意味的个案',值得深入研究"(贝尔,2006)。昆汀·贝尔在《回忆布鲁姆斯伯里》中对它的形成、发展基本特征做了比较客观的论述。

加拿大S. P.罗森鲍姆(S. P. Rosenbaum)是研究布鲁姆斯伯里文化圈的著名学者,他在《布鲁姆斯伯里读本》《维多利亚时代的布鲁姆斯伯里》《爱德华时代的布鲁姆斯伯里》等著作中,描绘了布鲁姆斯伯里文化圈人物群像,记录聚集于布鲁姆斯伯里周围的文人学者,知名人士的评论文字,与该文化圈人的自我评说相映成趣,也收录了近年来欧美学界对这个文化圈的研究成果。杰西·乌尔夫(Jesse Wolfe)(2011)从对亲密关系的革新角度讨论布鲁姆斯伯里文化圈和现代主义。波茨(Gina Potts)和沙希瑞(Lisa Shahriari)(2010)则专注于伍尔夫和布鲁姆斯伯里文化圈关系研究。雷蒙德·威廉斯(Raymond Williams)晚年所写论文《布鲁姆兹伯里派》,客观评述了此文化团体的共同特点:理智、坦率、宽容、自由的个人修养和社会良心的统一。同时看到作为精英知识分子构成了社会和意识形态的集体,在现代文化中扮演表达和指导的角色。

国内对新月社的研究有周晓明(2001)著作《多源与多元:从中国留学族到新月派》,他从留学背景和留学文化角度审视新月派,首先综述了新月派作为留学生衍生群体的形成和演化及其文化品格,并评述了新月诗派的诗艺特征,以及英美留学群和英美文学文化的内在关联。作者认为新月派就是以五四前后英美留学生为主体,具有多源和多元性的文化族群和文化派别。朱寿桐(1995)在其专著《新月派的绅士风情》中,指出绅士文化是西方社会文化概念,它承袭着悠久而富有传奇色彩的骑士传统,以自由主义为核心,而这种思想自由就是挣脱迷信束缚,提倡理性精神,讲究宽容态度。新月绅士风情的文化传承内容,除西方自由主义传统的价值观念外,还融合中国传统文士的儒雅趣味,以及梁启超、林长民等前辈学人的人格风范。

在《新月社的文化策略》中,刘群(2018)在诠释新月知识分子的译介策略与实践的同时,窥探新月知识分子的文化理念与价值所在。围绕新月知识分子在学术与政治关系中呈现的样态,重点说明两个文化策略:译介活动和讲学议政。新月派成员大都重视中外文化交流,自然也在翻译中有世界眼光。新月派站在世界文学的立场上,以西方文学为参照,努力推动中国文学与世界文学同步发展(黄红春、王颖,2017)。通过对新月知识分子的观察,刘群发现他们既表现出侧身"庙堂"做庙堂知识分子的渴望和尝试,更有广场知识分子启蒙大众的使命感,他们同时也是岗位知识分子,通过教师、作家、编辑等岗位发出自己的声音,培养扶持文学新人,从而使中国传统人文精神薪火相传。王一心与李伶伶(2009)所著《徐志摩·新月社》,全面梳理了以徐志摩为灵魂、以胡适为核心的"新月"群体的主要活动,包括他们的经历、创作、观点、论争等。但该书注释有限,学术性不够,属于普及性文化读物。

单个新月作家的个案研究在学界较为深入,成果丰硕。林晓霞(2019)在专著《凌叔华与世界文学》中,在全球化世界文学语境下,从文化研究和文化批评角度,对现代流散作家凌叔华进行了专门研究。通过比较和剖析作为"新月派"代表作家的凌叔华和对英国现代主义和女性主义发展有深远影响的小说家伍尔夫交往的历史文化背景和现实意义,深层次地透析出"在某种意义上的合著或是一种文化翻译的《古韵》是一种超越阶级、国家、种族、语言、性别、身份的写作实践",也试图揭示出第一世界和第三世界文化之间的内在复杂关系和走向多元对话的可能,尤其是对在全球化时代,重新阐释"世界文学"概念以及世界

五四以来中英文化圈对话与互鉴研究

文学中国版本的建构具有阶级的参考借鉴价值。高奋(2016)在《弗吉尼亚·伍尔夫的"中国眼睛"》一文中认为伍尔夫的"中国眼睛"不仅深切领悟了中国诗学的意蕴,而且拓展了人类生命故事的内涵和外延。这类观点只是集中在伍尔夫等个别作家的研究上,对中英文化圈的交流的全景把握尚不够全面。

刘介民(2003)在专著《类同研究的再发现:徐志摩在中西文化之间》中,将徐志摩研究放在国际文化环境的大背景下,进行深入的比较分析,以深化徐志摩研究。他用解析和阐释的比较文学方法,考察和研究徐志摩的思想艺术和他在中西方交流中所做出的贡献,一个类同研究的再发现,从而求得徐志摩研究领域的一个突破。通过徐志摩的个案研究,刘介民得出和陈思和(2001)一样的结论:"世界性因素"正是21世纪中国文学的主要特点。刘洪涛(2011)在《徐志摩与剑桥大学》中论及剑桥如何将徐志摩造就成一位杰出的诗人。通过和布鲁姆斯伯里成员弗莱、伍尔夫、罗素等的书信往来以及直接或间接的交往,徐志摩积极参与到英国现代思想、文学潮流中去。刘洪涛肯定了徐志摩在中英现代文学交流中的作用。

陶家俊(2016)在《中英比较诗学的新境界:论叶公超的中英诗学对话与创新》中肯定叶公超中国新诗学设定了具有独特内涵的中国文学现代性,中国文学现代性应该具有文学性、民族性、时代性和社会性四个基本要素。他揭示文学叙事穿越时空边界,形成独特的文化转化现象,产生复杂动态、开放多维的文学场。陶家俊和张中载(2009)在《论英中跨文化转化场中的哈代与徐志摩》中指出,徐志摩和哈代的文化遭遇事件表征了1920年代旅英中国知识分子的群体意识以及重塑中国文化现代性的理想。陶家俊同时论及跨文化转化过程涉及三个方面,即跨文化书写、文化想象和文化移情。

程章灿(2005)在《魏理与布卢姆斯伯里文化圈交游考》一文中,通过考察阿瑟·魏理(Arthur Waley)(又译韦利)与布鲁姆斯伯里文化圈的交游关系,指出其汉学研究取得成功的时代背景,以及他的汉诗英译与20世纪的英语诗歌创作有密切的关系,同时展现布鲁姆斯伯里文化圈与中国文化的联系。魏理成为布鲁姆斯伯里成员和中国文化联系的又一中介者。

绪 论

叶念伦发表在《外国文学》2001年第5期的《叶君健和布鲁斯伯里学派》一文，追溯了叶君健是朱利安在武汉大学的得意门生的往事，以及叶君健在1945年到1949年在英国期间和该学派交往的轶事。

中英文学文化交流研究领域由学贯中西的学者如陈受颐、方重、范存忠、钱锺书等开辟并奠定了坚实基础。葛桂录(2015)在《雾外的远音——英国作家与中国文化》中，指出当代学人主要在以下几方面拓展了研究领域：中英作家交往的生动图景、英国文学在中国的译介与研究、中国文学在英国的译介与流播、中国作家与英国文学的联系、英国文学家笔下的中国形象，以及中国文人眼中的英国作家。黄丽娟(2013)关注的是20世纪英国文学中的中国叙事，考察英国社会文化和主流意识形态影响下的中国构想和文化利用机制，通过英国作家对中国的建构，反思跨文化书写的民族文化心理。赵毅衡(2013b)提出中外文化交流的问题是发现中英文化团体的接触和影响中，存在着主次问题，即"双单向道"，西方人来中国是当老师，而中国人去西方是当学生。要让世界认识中国，中国思想者需作双重转化阐释——"先还原到西方现代的文化动机上；再还原到中国当代的必要性中"。

陈佑松(2010)梳理陈平原、王德威、俞兆平、李欧梵等学者有关现代性和中国文学的关系，指出中国现代性是"外源性"现代性，即动力和资源都来自外部。李欧梵(2001)在《上海摩登》中对都市文化地图重绘到张爱玲小说的现代性解读，他独重颓废的现代美学和文化意义，提出由印刷资本主义推动，存在于人们日常生活领域的"民族国家-城市-现代性日常生活想象"的"自发式现代性进程"，而上海是中国人的新型文化想象的典型文本。王德威(2010)先生促成的抒情传统与中国现代性之间的对话，富有创意地丰富了中国文学的研究方法，也极大地拓展了研究思路。他以创新的抒情传统来关照中国文学现代性问题，为构建具有中国特色的现代性理论提供了空间。他从四个维度新编中国现代文学史，描述"世界中的中国文学"："时空的'互缘共构'，文化的'穿流交错'，'文'与媒介衍生，文学与地理版图想象"(转引自陈晓明，2021)。

杨联芬(2016)在《浪漫的中国：性别视角下激进主义思潮与文学(1890—

1940)》中,用性别视角介入近现代革命的中国,讨论"新女性"解放问题,背后是中国现代性展开的问题。她从日常生活的私人领域入手,以性别解放最为相关的现代词汇"恋爱"为原点,围绕"社交公开""自由离婚""新女性""贤妻良母"等关键词,考察现代性的发生与每个人相关的微观领域和个体的不同际遇,特别是女性"不同的声音"和生命体验。

王宁(2011)提出如果把中国现代文学放在一个广阔的全球文化和世界文学的语境下来考察,就会发现它实际上是"一个不断走向世界的过程,并且通过与世界文学的认同来达到走向世界之目的。在这方面,翻译确实扮演了一个重要的同时也是能动的和不同的角色,它促使中国更加接近了外部世界,或者说,使中国文学更加接近了世界文学"。

2. 研究方法

本书拟从比较文学平行研究和影响研究的角度,以个案研究来对照、描摹中英文化圈精英知识分子在二十世纪二三十年代通过旅行、讲学、直接个人接触,或是书信、翻译等间接对话,走出一条跨文化交流、文明互鉴之路,深刻地改变了中英两国文学现代主义版图,以开阔的国际视野兼收并蓄,领风气之先,推进了社会的宽容和进步。本书也着力书写传统向现代转型期的中国面向世界,回应西方,重塑文化精神的跨文化转化现象。在乡土中国向都市中国的转变中,本书勾勒一种文化空间的变迁,考察特定社群的意识结构或心理结构,也就是雷蒙德·威廉斯(Raymond Williams)所强调的"情感结构"(structure of feeling)的变化。在现代性经验共同体中,构筑当代中国人共同的民族记忆和想象,重振民族文化自信。

3. 研究内容

本书通过对英国和中国文化圈关系的梳理,在跨文化转化诗学的视域下,试图在历时性研究中展现五四以来中英文化相互碰撞和交融的历史脉络,指出中国留学族群的现代性面孔,既是五四时期中国文化现代性大潮的一部分,又是世界性意义上文化现代主义的旅行、迁徙和变异的一部分。加布丽埃·施瓦布(Gabriele Schwab)接触空间诗学集中探讨的关键问题包括文学和文化的主

绪 论

体性、文学的文化和跨文化接触形式。施瓦布的书写文化论揭示旅行文学过程中文化想象的重要性,指出在跨文化语境中对抗式文化认同之外存在着对话式的文化认同。萨义德(Edward Said)的"旅行理论"观也适用于"旅行文学"现象,旅行理论和文学在新的,通常是完全不同的文化空间中重新定位。中国现代文化史上文化出版业的发展,为现代性民族国家的想象提供了知识资源。借《新月》开辟的文学场进行中国本土化书写,维护健康和尊严,自由和人性。在跨文化转化场中,两个文化团体脱离了民族—国家单一认同的囚笼,增生出阿帕杜莱(Arjun Appadurai)所称许的跨民族、跨文化的知识分子公共空间。

20世纪前半期中国人带着中国问题去观察世界形势,又从世界的全局来思考中国问题。五四以来到二十世纪八九十年代的五位现当代作家/学者徐志摩、凌叔华、萧乾、卞之琳和赵毅衡,他们和中国现代著名文化团体新月社有着密切联系,进入英国游历后又与布鲁姆斯伯里成员结下不解之缘。他们被看作布鲁姆斯伯里文化圈的中国成员或是隔代弟子。中国作家用自己的语言天赋跨越了文化界限,去和另一个国度伟大的现代主义作家进行交流。

英国文化圈代表人物罗素在20世纪20年代到中国来游历讲学,审视和体察中西文明之间的差距。高尔斯华绥·刘易斯·狄金森两次来华游览,哈罗德·艾克敦爵士(Sir Harold Acton)对中国遗风古韵的追忆,罗杰·弗莱对中国古典美术的倾心,他们对中国传统文化的赞赏态度,试图以异质文化救治陷入危机中的西方文明,有意将中国文化乌托邦化或博物馆化。同时,徐志摩等留学人员对英国浪漫主义的推崇、人道主义和个人主义的呼唤表明,西方对启蒙运动以来工具理性的反思对应中国的"文艺复兴"对人性的呼唤和个人主义的张扬。由此,中西现代性形成过程中存在"时间差"。第一次世界大战的爆发使得西方开始了对启蒙运动以来的现代性反省阶段,T. S. 艾略特(T. S. Eliot)的《传统与个人才能》一书在中国译介后,其传统和现代关系也被中国学界误读,两个文化圈人员在相互借鉴中出现了无心或有意误读。

徐志摩从美国转学到英国,目的就是为了"从罗素"。他三次负笈英伦,和罗素、狄金森和弗莱结下深厚的师友之情,英国文化圈赋予徐志摩一个"解放天性的国际空间,形成了新的世界性眼光"(劳伦斯,2008)。劳伦斯认为徐志摩致力于探索自我和情感。在吸收英国现代主义新思潮的基础上,经过翻译和评述哈代、曼斯菲尔德、罗素等跨文化书写,提炼出新月文化精神,就是诗与思融合生成的鲜活的生命力和创造力,最崇高的理想价值就是思想自由、人格尊严和民族的文化活力。徐志摩将英国浪漫主义、唯美主义、现代主义文学和艺术、教育哲学思想带入中国,同时也使英国的文化界人士更多地了解现代中国,成为中西文化联络员和新的一代浪漫才子。

凌叔华和伍尔夫在战争时期开启通信往来,她们共同关注个人写作和女性问题,并对自传体文学形式进行跨文化交流,在动荡时代的国家话语之外拓展了个性空间。伍尔夫的女权主义倾向坚定了凌叔华的女权主义思考方式,其自传体小说《古韵》描述封建一夫多妻制度下女性的悲惨命运,小说反映出中国封建社会意识下和资产阶级价值观冲突下文化断层中的女性狭窄的生存空间。旧文化的社会性别角色排除了女性作为主体的一切可能性。此外,受到伍尔夫意识流小说影响,凌叔华开始从内心看待她的女性人物和她自己的生活,把中国文学推进到一个新阶段。布鲁姆斯伯里第二代成员朱利安试图针对妇女性爱束缚的主题向凌叔华开启一个现代主义视角,被压抑的性、亲密情意、同性恋、疯癫成为凌叔华写作的主题。朱利安在武汉期间,构建了和凌叔华、叶君健的文学网络,并努力把他俩推向布鲁姆斯伯里文化圈。同时,凌叔华让伍尔夫关注了东方的庄子哲学、道家思想,中国古典诗歌物我共通,主客体融合的审美境界,形成了伍尔夫笔下丽莉的"中国眼睛",创建了英国现代主义小说的新视界,同时也是对欧洲现代主义普遍性的一种质疑。

20世纪40年代剑桥萧乾和福斯特的直接交流和书信往来,反映出中国和英国两位重要作家在特定时期的文学思考。福斯特为"异国"的和"别样"的观察方式所吸引,和萧乾建立起深厚的友谊,引起他对东方的好奇。"私人关系"带来的文学影响是福斯特的文化开放,欢迎其他文化进入他的小说,他承认个人"友情"才是建立国家关系的基础。萧乾使福斯特注意到中国小说中有关贫穷的主题,关注于游离于狭隘的阶级观念和所谓"英国"观念之外的题材。萧乾

绪 论

深受福斯特影响,在其小说中讲述了他的艰难生活和国家的危机,捍卫了"私人关系"的主题,也把"个人私密的文学表达"写进了国家身份的白纸上。

在福斯特的敦促下,萧乾开始关注乔伊斯(James Joyce),下工夫研究现代主义意识流作品,从对乔伊斯现代主义钻牛角尖的误判到其晚年和夫人文洁若共同翻译了乔伊斯的名著《尤利西斯》,萧乾对英国现代主义做出了极大贡献。在和外国友人的交往中,萧乾发现中国通常以老古玩店的形象被误解。他继而把世界舞台比作一个课堂,在走向现代化的道路上来得迟了。他认为中国从19世纪就受到列强欺凌,正是因为忽视了科技,忽视了国防。他用"龙须"象征中国的古老文化,用"蓝图"象征西方工业化。虽然中国探索现代化的道路充满艰难险阻,但我们终会走上现代化的道路。

作为现代主义大师,T.S.艾略特以创作现代派诗歌为西方文明把脉,同时他把眼光投往东方,从中汲取营养。艾略特的提携者庞德(Ezra Pound)更是翻译了中国古典诗歌和儒家经典,他对中国文化的热情,是对欧洲中心式文化保守主义的批判,表达"以儒家思想重建欧洲"的理想。卞之琳是20世纪中国著名诗人、翻译家和学者,他出于"新月",中连现代派,下启九月诗派,其诗风化古化欧。巧合的是,卞之琳翻译了艾略特的《传统与个人才能》,尽管没有文献资料表明艾略特和卞之琳曾经见过面,其诗歌注重的理趣和哲思明显受到艾略特主智派诗歌的影响,是赵毅衡所说的"望门子弟"。

艾·阿·瑞恰慈(I. A. Richards)是20世纪英美形式论的创始人,通过六次来华进行文艺理论讲授和英语教育实践,他实现了自己的中国梦想,成为沟通中英文化的使者。由于他早于1929年就在清华大学讲学,他的文学批评思想在中国得到译介和评述,几乎和新批评发展同步。卞之琳的学生赵毅衡由瑞恰慈新批评研究入手,研究涉及叙述学和符号学,以"形式-文化论"践行形式论的世界观和方法论。他指出五四小说直接与西方现代文学相接触,从形式上由白话取代了文言的地位,从根本上推翻了传统的文类等级。21世纪以来,他致力于关注一切人类生活的表意活动,近年来更是专注于艺术形式的意义分析。赵毅衡敢于同西方理论进行平等对话,同时带有明确的中国本土经验,并由此指出西方理论存在的问题。

早在20世纪20年代,弗莱和贝尔在跨文明对话的基础上提出"有意味的形式",形成现代主义美学观,伍尔夫在文学形式上进行突破,迫使英国摆脱"物质主义"小说,而进入人物内心,形成"精神主义"小说,同时她小说中的造型化倾向也较为明显,视觉和文学相融合。与之相呼应,凌叔华文人画和卞之琳现代诗"化古化欧",将中国传统和现代性成功对接,也为西方世界展现了一个书卷气十足的中国文化形象。

赵毅衡总结20世纪最重要的一门功课,就是"现代性"。中国的现代意识,可以说是外源性的"学得性现代意识","现代性及其'进步'观念,只是欧洲文化的产物,其他文化都缺乏这种前行性。如果现代化无可避免,学习就是;传统文化有维持稳定的价值,继承就是"(赵毅衡,2013b)。没有必要在优劣高下上纠缠一两个世纪,何来面子之说。诚如世纪老人周有光提出从世界看中国的视角,本书从世界看中国现代性进程,厘清西人的无心误读,或是我们的有意错用,以具体的作家作品来阐释两种文化之间的亲和力、互补性。既拒绝西方把中国文化博物馆化或乌托邦化的倾向,也摆脱国人东方主义受害者心态,超越对文化优劣的臆想和评判。

通过对五四以来中英文化圈对话与互鉴研究,本书力图促进中外文化之间的互动交流,在双方的平等对话中整合吸收他国文化的有利因素,更好地反省和完善自身的民族性格,积极建构文化主体意识。本书将中国美学纳入一个全球化体系,论及中国作家及中国美学在英国现代主义中的作用,以及英国作家在中国现代主义发展中扮演的角色。以个案研究在宏大叙事之外开拓一个个性空间,在世界性现代主义框架下,凸显艺术家主体性创作自由和中国作家对现代主义的贡献。本书契合国家实施"中国文化走出去"战略,敦促建构中国文化主体性,为中国百年以来的传统和现代对接找到一种理想范式。诚如李欧梵所指出的,中国文学书写必须具有国际视野,内核表现中国民间的东西,用欧洲现代主义叙事呈现方式在世界舞台上传播和提升中国形象,达成人类文化交流的理想。

第一章

中英文化圈对话的基础：
对异质性的包容和国际化视野

东西方文化-文学交流的历史阶段可大致分为三个部分:17—18世纪欧洲的第一次"中国热";18世纪末到19世纪,欧洲"中国热"明显回落;19世纪末、20世纪初开启对中国文化价值的重新发现。

在启蒙时代的欧洲,伏尔泰(François-Marie Arouet)写出《中国孤儿》向中国儒家思想致敬,而哥尔德斯密斯(Oliver Goldsmith)写下《世界公民》,以"东方信札"的艺术方式批判专制主义和封建愚昧,书中传达的是儒家文化对理性的尊崇、对中庸之道的奉守、对人性善的张扬、对和平的赞美等,对启蒙学者构建以正义、秩序、理性与平等为核心的启蒙现代性理念,起到了重要的推动作用(杨莉馨、白薇臻,2022)。与此同时,在18世纪晚期,英国开始通过东印度公司与中国开展贸易,由此兴起一个"中国艺术风格"的艺术潮流,这种风格融入了英国当时的百货公司、博物馆、旅游文化中,逐渐影响到英国人对中国文化的认识。中国工艺品、装饰艺术和园林艺术等时尚消费,和儒家伦理、政治制度一道,描绘了一幅盛世中国的美好形象,也为启蒙思想家建构启蒙话语做出了贡献。

然而到18世纪末,随着浪漫主义文艺思潮的兴起,中国逐渐成为反衬西方自由、文明、进步等特征的国家,被塑造成停滞、专制而野蛮的负面形象。1793—1794年,英国外交家乔治·马噶尔尼(Lord George MaCartney)率英王使团在热河觐见了乾隆皇帝并遭到冷遇,经历了在经济上和外交诉求上全面失败之旅,这成为中英关系史上的转折点。1797年,该使团副使乔治·斯当东(George Staunton)所编的《英使谒见乾隆纪实》出版,在书中,中国被描述为"进行恐怖统治的东方专制主义暴政的典型"。自此之后,中国不再是马可·波罗(Marco Polo)游记中的繁荣黄金国度,以及传教士口中明君贤臣的理想国,而是保守、停滞、专制、愚昧的东方野蛮国家。1899年秋至1900年9月爆发的义和团暴乱,更是引发所谓的"黄祸"传言,加上傅满洲系列小说,一时"中国恶棍"的形象大行其道,英国对待中国事物的态度"由喜好到厌恶,由崇敬到诋毁,由好奇到蔑视"(孟华,2001)。

对中国人形象妖魔化的同时,以理雅各(James Legge)和翟理斯(Hrbert

五四以来中英文化圈对话与互鉴研究

Allen Giles)为代表的一批汉学家,对中国文化-文学进行了广泛又深入的介绍和研究。1871年,理雅各翻译的第一部英文全译本《诗经》在伦敦出版。从1876年到1897年,牛津大学聘请回国的理雅各担任首任汉学教授,从此开创了牛津大学的汉学研究传统。他在牛津笔耕不辍,译作包括《尚书》《礼记》《道德经》《庄子》《离骚》《孔子——中国的圣贤》《孟子——中国的哲学家》等。自1880年始,翟理斯选译了《聊斋志异选》2卷,他的译著《古文选珍》于1884出版,1885年又翻译了《红楼梦》。1888年,剑桥大学首次设立中文教授,翟理斯成为第二位被聘教授。

1916年,伦敦大学东方学院正式成立,阅读英译中国作品或学习汉语变得便利。与此同时,就职于大英博物馆的宾扬(Laurence Binyon)发表《远东绘画》以及相关论文,在1909—1914年开设系列讲座,并成功举办1910—1912年中日画展,由此在英国逐步培养起民众对中国艺术的兴趣。教育机构的加盟,和贸易、博物馆一起使得大英帝国的版图无形中向外扩展了很多。帕特丽卡·劳伦斯通过研究伦敦自由百货公司的商品目录,观察到那些从中国、日本、印度进口的产品一开始被描述为"原始的"和"奇特的",正如英国人将世界划分为"文明"和"未开化"的两个极端,这些瓷器、丝绸、扇子、铜器、茶叶等物品最终被冠以"艺术品"称号,它们不仅给英国市场增添了实用的艺术元素,而且也使得人们的审美情趣、家庭装饰和现代主义美学发生了转变(劳伦斯,2008)。总之,二十世纪二三十年代非常盛行收藏"古老"中国的艺术品和物品。

如果把布鲁姆斯伯里团体纳入到整个东西方文化-文学交流史中去观察,可以说,布鲁姆斯伯里团体继承和发扬了启蒙时代欧洲汉学家、思想家与文学艺术家们自觉借鉴、学习中国文化的传统,参与并推动了19世纪后期到20世纪上半叶欧美第二次"中国热"的生成,使得欧美现代主义运动与第二次"中国热"产生了不解之缘(杨莉馨、白薇臻,2022)。进入20世纪,西方现代主义运动风起云涌,提出反叛科学至上和工具理性的口号,以弗莱和贝尔为代表的理论家们重新发现了中国艺术和文学,并开启了"东方文艺复兴",同时以对道家哲学和中国古典艺术的推崇为特征。而中国艺术更多是在美学观念层面发挥了作用,成为西方现代主义美学观的有机组成部分。

在布鲁姆斯伯里内部,人们对于中国的兴致主要集中在家居和美学。1935年12月7日,瓦妮莎给朱利安的信中提到,"整个伦敦都在刮中国风"。瓦妮莎让在中国的朱利安往家里寄的东西包括丝绸、瓷器、陶碗、白蜡、民间艺术品等。朱利安在给瓦妮莎的信(1935年12月5日)中提到,"我是否跟你讲过她(凌叔华)那天还给我买了一个上乘的便宜货——一口上好的汉鼎……有一点黑色的装饰,(釉层下面)按在黏土上的指印还依稀可辨。显然,这口鼎是手工制作的"。而伦纳德·伍尔夫收到的一枚用玉雕琢而成的鱼,现在还收藏在僧侣屋(Monk's House)。20世纪30年代,中国艺术风格在英国打开了市场,在英国人的家居和生活里流行了起来。这些来自中国的"罕见珍品"转化为消费产品,最终被英国人内化为"艺术"的文化结构。

伦敦布鲁姆斯伯里文化圈成员对东方文化的了解和接纳,对其灵魂人物弗吉尼亚·伍尔夫影响深远。剑桥大学讲师狄金森两次访问中国,此前曾出版《中国人约翰的来信》(1903)。弗吉尼亚·伍尔夫的丈夫伦纳德·伍尔夫曾在锡兰工作6年,回国后撰写并出版了《东方的故事》(1921)。汉学家阿瑟·韦利翻译和撰写了十余部有关中国和日本的文史哲著作,包括《170首中国诗歌》(1918)、《更多中国诗歌》(1919),弗吉尼亚曾在小说《奥兰多》前言中感谢韦利的"中国知识"对她的重要性。哲学家罗素到北京大学担任客座教授,回国后出版《中国问题》(1922)一书,论述他对中国文明的领悟和建议。1925年,弗吉尼亚·伍尔夫的密友,艺术批评家罗杰·弗莱选编出版了《中国艺术:绘画、瓷器、纺织品、青铜器、雕塑、玉器导论》,并撰写序言"论中国艺术的重要性"。1934年,他在剑桥开设一系列有关中国艺术的讲座。1928年,弗吉尼亚·伍尔夫的另一位密友,传记作家利顿·斯特拉奇(Lytton Strachey)出版了一部关于中国皇帝和皇太后慈禧的讽刺传奇剧《天子》。伍尔夫夫妇共同经营的霍加斯出版社曾出版两部有关中国的著作——《今日中国》(1927)和《中国壁橱及其他诗歌》(1929)。

高奋总结伍尔夫对中国文化的表现主要有两种形式:一种是基于中西美学

交融的重构,中国的瓷器、丝绸等富有东方情调的物品或简笔勾勒的中国人散落在其作品之中,抒发了她想象中的中国形象;另一种是其构思通过叙述视角、人物风格、主题意境等多个创作层面,自觉体现对中国思想的领悟(高奋,2016a)。帕特丽卡·劳伦斯指出丽莉·布瑞斯珂的"中国眼睛","不仅喻示了英国艺术家对中国审美观的包容,而且暗示了欧洲现代主义者乃至当代学者对自己的文化和审美范畴或其普适性的质疑"(劳伦斯,2008)。

第一节　布鲁姆斯伯里文化圈的"文明个人"

布鲁姆斯伯里文化圈最早始于 20 世纪初剑桥的"使徒社"(Apostles),据昆汀·贝尔考证是 1899 年秋天在三一学院开始形成,"使徒社"的成员伦纳德·伍尔夫、利顿·斯特雷奇、萨克逊·锡德尼-特纳(Saxon Sydney-Turner)在"午夜社"(Midnight Society)遇上了索比·斯蒂芬(Thoby Stephen)和克莱夫·贝尔(贝尔,2006)。1905 年 2 月后,索比、瓦妮莎和弗吉尼亚搬去伦敦戈登广场 46 号,他们开始每周四晚在家中招待剑桥的朋友们。他们点评学术,交流读书心得,这样便形成布鲁姆斯伯里文化圈的雏形。

布鲁姆斯伯里文化圈被其成员之一 E. M. 福斯特称为"英国文化史中唯一的真正的运动",这个团体兼容并包了以 G. E. 穆尔(G. E. Moore)哲学为基础的现代剑桥人文主义思想的所有精华。伦纳德·伍尔夫评述道,"摩尔及其著作对我们的巨大影响在于,它们突然从我们的眼前移开了模糊而厚重的水垢、蜘蛛网和窗帘,仿佛第一次向我们展示了真理和现实的本质,展示了善、恶、性格和行为。它们替代了耶稣、基督、圣保罗、柏拉图、康德和黑格尔困惑我们的那些宗教的、哲学的梦魇、错觉和幻想,带给我们的是普通常识的新鲜空气和纯真光亮"(Woolf,1963)。穆尔的创意之一是将客观实体看成与主观意识并存的独立实体,并承认物质的客观实在性,强调以直觉关照的方式认识客观实在体。

布鲁姆斯伯里文化圈奉行导师 G. E. 穆尔的伦理学,追求真和美,厌恶平庸无聊,蔑视功利主义和愚昧无知。穆尔的伦理学是一种伦理直觉主义,将美的生活追求看成是善的直接组成部分。就像凯恩斯(John Maynard Keynes)评论的那样,《伦理学原理》存在着一种力量,穆尔的道德观念几乎排除了侵略性的暴力,"一种温和的情感气氛是一个和平发展的社会存在的必要前提"(贝尔,2006)。由于"使徒社"鼓吹雅典式的演说和思想自由、知识交流,罗素的影响也变得更为重要。伦纳德·伍尔夫评价说这里有着"非凡的哲学智慧的爆发"(贝尔,2006)。

剑桥年轻知识分子给予弗吉尼亚和瓦妮莎全新的认知,尤其对于弗吉尼亚来说,尽管她已在父亲的图书馆博览群书,在和布鲁姆斯伯里成员的深入探讨中,这些在戈登广场享用"威士忌、小圆面包、热可可"的自由灵魂,某种程度上打开了弗吉尼亚·伍尔夫的知识视野,其精神审美意识也逐渐走向成熟。用弗吉尼亚自己的描述,这些年轻人"缺乏亮丽外表的模样,这种寒酸褴褛的模样,在我眼里就是他们卓尔不群的明证。不只如此,他们这种样子也隐隐约约给人一种安定踏实的感觉,因为在抽象的辩论中,人们就不应该把注意力集中在外表上"(伍厚恺,1999)。1904年父亲去世后,斯蒂芬家的孩子成了孤儿,但他们也逃离了极端压抑的维多利亚式的家庭。他们搬到戈登广场46号,那种自由的感觉让弗吉尼亚和瓦妮莎摆脱了海德公园门的方式。这里是文学和思想激烈碰撞的所在,每周四晚上举行的定期聚会,是个体灵魂摆脱父母家庭,在一群志同道合的人中间相互成长的过程。然而在一些人眼中,他们沦入了下流社会。瓦妮莎在传记中描述,"那是我在上流社会生活的终止"。甚至亨利·詹姆斯(Henry James)痛苦地发现,老朋友莱斯利·斯蒂芬(Leslie Stephen)的孩子,毫无疑问失去了那些世俗的优雅。但在弗吉尼亚看来,布鲁姆斯伯里的谈话论辩,"它没有产生我们嘴皮子上进来进去的被称为才智的昏暗的电光,而是产生了更加深层的、微妙的、隐秘的光芒,也就是理性交流的炽热的黄色火焰"(贝尔,2006)。从海德公园门的父亲的维多利亚家庭走向布鲁姆斯伯里,伍尔夫的思想、创作和生活产生了重大变化。T. S. 艾略特盛赞伍尔夫是这样一个神秘文化圈乃至伦敦文学界的灵魂人物。她之所以有如此高的地位,是因为她的才赋已经与她生活于其中的时代环境水乳交融。在她身上,可以感受到维多利亚女王时代中上阶层高贵而又优秀的文化传统——艺术家既非赞助人的女仆、贵族富豪家的寄生虫,又非乌合之众、平庸之人寻开心的工具。艺术的创作者和欣赏者的地位平等,不分高低贵贱(罗森鲍姆,2006b)。

M. 维特沃斯(M. Whitworth)认为沃尔特·佩特(Walter Pater)关于艺术和感觉的理论对于伍尔夫而言至关重要(Whitworth,2001)。布鲁姆(2005)也指出佩特是伍尔夫真正的先驱和"隐形鼻祖","唯美主义是她创作的核心"。戈登(2000)评价她为"一个遁世隐退的高贵审美家"。郝琳看到唯美主义是伍尔夫现代主义的小说创作与批判理论的源泉之一。她的瞬时性现代美学源自佩特的刹那、火焰、体验等核心概念和相关论点。伍尔夫和唯美主义的共同点是:反中产阶级的审美极端性,推崇文艺复兴的艺术精神以及生活艺术化的美育原则。

伍尔夫从13岁起跟着佩特的妹妹克拉拉(Clara Pater)学习希腊文,佩特小姐家墙壁上的莫里斯墙纸给伍尔夫留下了深刻印象,威廉·莫里斯(William Morris)是前拉斐尔画派的成员,他提倡的"艺术和手工艺运动"是推进英国唯美主义运动的关键性动力。他以精致的手工艺术将艺术审美推广到室内装饰、挂毯、墙纸、家具、餐具等日常生活空间,在追求实用的同时带给人们视觉美感冲击。莫里斯希望让"每一个工人都成为艺术家",佩特认为艺术的目的在于培养出高雅的爱好者和完善的人文主义者。王尔德(Oscar Wilde)则主张"生活本身是首要的也是最伟大的艺术"(周小仪,2002)。

莱斯利·谢恩(Leslie Shane)评价布鲁姆斯伯里文化圈成员"试图将艺术引入生活。他们蔑视英国的物质主义和传统宗教。他们推崇真和美的准则。他们呼唤宽容和诚实"(劳伦斯,2008)。在《消费文化与后现代主义》中,迈克·费瑟斯通(Mike Featherstone)在谈到唯美主义如何指导生活向艺术转化时,追溯到布鲁姆斯伯里文化圈的分析哲学家G. E. 摩尔,以及稍早的英国唯美主义作家佩特和王尔德。沃尔特·佩特在《文艺复兴》中多有详述的一个主题是:日常生活本身可以像艺术一样,给人一种审美的快感。即是说,他主张人们要追求生活的艺术化(陆扬,2012)。弗吉尼亚夫和姐姐瓦妮莎成为聚会核心人物,形成20世纪初伦敦的英国倡导先锋艺术,显示优雅文化的新文化中心。这样一种生活方式,融合了英国俱乐部和法国沙龙的传统,无疑是引领精英生活潮流的唯美主义生活方式(陆扬,2012)。

克莱夫·贝尔在其《文明》中曾阐释文明的品质,"喜欢真和美,宽容,求实态度,严格要求,富于幽默感、彬彬有礼、好奇求知、鄙视庸俗、野蛮、过火等,不迷信,不假正经,大胆接受生活中美好事物,彻底自我表达的愿望,要求受到全面教育的愿望,蔑视功利主义市侩习气等"(克莱夫·贝尔,2005)。这也可以用来概括布鲁姆斯伯里团体的文化品格(杨莉馨、白薇臻,2022)。

1915年3月,伍尔夫夫妇搬入霍加斯宅,其时弗吉尼亚正经历着她精神崩溃的第二阶段。伦纳德考虑购买一台印刷机开办出版社,一来让弗吉尼亚干点排字装订的手工活有利于分散她的注意力,二来印刷并出版自己的作品满足了他们对自由创作的渴望。再者,这是一种能让他们通过自己丰富的文学社交圈赚钱的途径。霍加斯出版了《墙上的斑点》《达洛维夫人》等作品,也出版了包括凯瑟琳·曼斯菲尔德(Katherine Mansfield)、T. S. 艾略特、E. M. 福斯特、罗杰·弗莱、克莱夫·贝尔等英国作家的作品,引进了弗洛伊德心理学家的系列作品,翻译了托尔斯泰、契诃夫、陀思妥耶夫斯基等俄国小说家的作品。正是通过霍加斯出版社,伍尔夫接触到了当时最富创新性和试验性的作家和作品,掌握着文学艺术界的最新发展动态,其中乔伊斯的手稿《尤利西斯》也曾希望由霍加斯出版。伍尔夫敏锐地判断这是一部值得发表的作品,然而这个大部头作品,以霍加斯手工排版的速度需要两年时间。最终,伍尔夫夫妇被迫放弃了《尤利西斯》。

霍加斯出版社是伦纳德送给弗吉尼亚最好的礼物,是他对天才作家弗吉尼亚的爱的象征和奉献。弗吉尼亚的整个创作生涯都和霍加斯出版社紧密联系在了一起。弗吉尼亚除了早期的《远航》和《夜与日》由达克沃斯出版社出版外,其作品自1917年《墙上的斑点》起,全部由霍加斯出版社出版发行。霍加斯出版社使弗吉尼亚·伍尔夫获得了写作的自由,如伍厚恺(1999)所说:"正是霍加斯出版社1917年建立之后,她开始大胆地探索新形式和实验新技巧,她的第一篇'非正统'的小说,用第一人称意识流手法创作的《墙上的斑点》也随之而问世……霍加斯出版社是弗吉尼亚·伍尔夫文学创新的温床和基地。仅仅因为这一点,她也是感激伦纳德的。"

霍加斯出版社从20世纪初期英国诸多私营出版社中脱颖而出,靠的是伦纳德·伍尔夫总结的"杂糅"理念,"我们的基本关注点是图书非物质的那个部分:作者说了什么以及他怎么说的。我们的经营观点是,出版商业出版社所不能出版或不愿出版的书籍。我们要求我们的书籍'看起来很好',对于书中哪些部分必须看起来很好,我们自有主见,不过我们对印刷和装帧的精美不感兴趣。我们也不在乎图书的精致和精确"(高奋,2012a)。也就是说,杂糅的出版理念,是图书品质和商业运作兼顾。

作为知识分子,伍尔夫夫妇更关注思想的传达,他们重点开发先锋文化、大众文化和国际文化等边缘乃至未开垦的出版领域。霍加斯出版社不仅对伍尔夫夫妇来说意义重大,更对传播现代主义文学和文化起到重要作用。霍加斯为现代主义的形成发挥了"生产工厂"或者"筹备场所"的思想培育作用。以伍尔夫夫妇和他们"布鲁姆斯伯里"文化圈中的好友罗杰·弗莱、克莱夫·贝尔、T. S. 艾略特、E. M. 福斯特等人为霍加斯作家的核心层,他们从世界大战的硝烟中觉察到西方文明的局限性,在艺术、美学等领域有着敏锐的领悟和独到的见解;中间层是霍加斯品牌丛书系列的作者,他们多为当时社会名流,就当时的社会现状进行艺术表现或文化评述,再现了当时的思想者、学者、艺术家对西方社会的反思和质疑;外围层是诸多普通大众,他们撰写浅显易懂的通俗书籍。

弗吉尼亚·伍尔夫是霍加斯批判网络的灵魂人物,从1904年开始,她便在《泰晤士报文学副刊》《全国书评》《耶鲁评论》《纽约先驱论坛报》等英美多种报纸杂志上发表文学评论,所评论的范围包括英美现代作家和欧美经典作家。正是在此基础之上,弗吉尼亚发表了她的《现代小说》和《班内特先生与布朗夫人》,详尽阐明现代主义艺术的特性和本质,为英国乃至西方现代主义的发展铺平了道路。此外,霍加斯策划出版了系列丛书《霍加斯文学批评》,共35种,充分传播现代主义批评思想。霍加斯的思想网络表现为两个层面：第一层是 T. S. 艾略特、弗吉尼亚·伍尔夫等人的现代主义作品；第二层是霍加斯从国外引进的心理学、文学、文化著作，以此支撑并催生英国的现代主义艺术。英国现代主义在意识流描写方面的深刻性和完整性在很大程度上与霍加斯系统引进的心理学著作有关。1924 年霍加斯出版社获得了国际心理分析协会论文的出版权，从而成为弗洛伊德在英国的授权出版商。在著名心理学家厄内斯特·琼斯（Alfred Ernest Jones）的主编下，1924—1946 年霍加斯共出版该协会的论著 27 种，率先将当时的心理分析理论完整地引入英国。

由此，伍尔夫夫妇及其布鲁姆斯伯里主要成员共同构建了现代主义的作家网络、批评网络和思想网络。霍加斯出版社的成功基于以下几点：首先是伍尔夫夫妇都是具有良好素养的知识型出版人，其出版方针具有杂糅的兼容性，办刊具有国际视野，以出版文学和政治领域丛书打造品牌意识（高奋，2012a）。约翰·梅彭（John Mepham）评述道，"非商业性小型出版社的出版活动，在文学现代主义的历史上发挥了极其重要的作用。作家们从市场压力下获得了相当一段时间的解放，足以寻找到自己的道路，并影响到一群不大却很重要的读者"（Mepham, 1996）。霍加斯出版社出版的著作，以其先锋性极大地开阔了英国知识精英和大众的文化视野，对英国现代主义的催生和推进无疑是一个极好的例证。

弗吉尼亚·伍尔夫从 1905 年起以书评开始她的文学之路，她在 40 多部杂志上及两本散文集发表的散文和评论超过 500 篇。塞缪尔·约翰逊（Samuel Johnson）曾在《葛雷传》中强调，要与普通读者（the common readers）达成一致，并为此而欢欣鼓舞。伍尔夫和约翰逊一样，她视自己为普通读者的一员，在阅读中跟着直觉走，开动脑筋，独立判断，得出自己的结论。卡蒂-基恩（Melba Cuddy-Keane）探讨在学院体制之外，伍尔夫追求将智育纳入兼顾专业和普通读者/作者的交界带。她指出伍尔夫创作初期恰逢英国公开讨论知识分子的作用，以及文学教育的作用和性质。对此伍尔夫宣扬"普通读者"，加入了公共辩论。她推崇作者和读者之间对话关系，通过私人出版社出版书籍，继而部分在公共图书馆寻找读者群。安娜·斯奈斯(Anna Snaith)论及伍尔夫对妇女服务图书馆的贡献时指出,伍尔夫写信给19位朋友,请求他们捐钱捐物,她自己每月捐钱直至其去世,正是在伍尔夫的要求下,图书馆订购了一系列书。贝丝·雷吉尔·多尔蒂(Besse Regier Dorety)论及伍尔夫为成人教育莫利学院学生授课时备课,以及给海斯考特女校60个年轻学生讲"我们如何读书"时,几易其稿。

弗吉尼亚·伍尔夫一直都给人一种象牙塔中的"精神贵族"的印象,然而事实上,从20世纪30年代开始,伍尔夫参加了许多社会政治活动,1935年她成了反法西斯展览会的组织成员,之后和福斯特一起到巴黎参加反法西斯的知识分子集会,还和伦纳德参加了在布莱顿召开的工党年度会议。此外,她还结识了年轻的反法西斯诗人,如衣修伍德(Christopher Isherwood)、斯蒂芬·斯彭德(Stephen Spender)和戴·刘易斯(Cecil Day Lewis)。弗吉尼亚寻求一种向全民族听众讲话的公共之声作为自己的目标,将"局外人"的身份作为一种姿态,坚定地从个人走向大众(杨莉馨、焦红乐,2020)。

同样,其他布鲁姆斯伯里成员为提升英国人的现代主义审美做出了贡献。弗莱开设艺术讲座,举办后印象派画展,创办欧米伽艺术工作场,出售艺术化的家具和其他工艺美术品;大卫·格兰特(David Grant)和弗朗西斯·比勒尔(Francis Birrell)经营书店。1910年11月到1911年1月,弗莱在贝尔和德斯蒙德·麦卡锡(Desmond MacCarthy)的帮助下,在伦敦格拉夫顿美术馆组织了现代英国艺术史上具有划时代意义的"后印象派画展"。英国著名艺术史评论家肯尼思·克拉克(Kenneth Clark)对弗莱的评价是"如果说趣味可以因一个人而改变,那么这个人便是罗杰·弗莱"(Clark,1939)。弗吉尼亚·伍尔夫在《贝内特先生和布朗夫人》中提出一个著名论断,"在1910年12月,或者大约在这个时候,人性起了变化"。伦纳德·伍尔夫在自传中与之相呼应,"生活在1911年的伦敦是一件多么令人激动的事",原因是"我们都有一种从维多利亚的迷雾中走出来的轻松感",再加上"塞尚、马蒂斯和毕加索的深刻革命"(Woolf,1963)。的确,弗莱以自己的文章改变了那个时代的品位;举办后印象主义画展,改变了英国绘画领域的发展趋势;以自己的演讲,不可估量地增强了人们对艺术的热爱(罗森鲍姆,2006a)。

弗吉尼亚·伍尔夫和贝尔都认识到弗莱的演讲天赋,听他演讲,那些观众如痴如醉,是震撼心灵的精神享受。伍尔夫认为他"有能力使他人感受到艺术的重要性"(罗森鲍姆,2006a),"他相信,理解和欣赏艺术是生活馈赠予我们的最深沉、最恒久的快乐"(伍尔芙,2001),而贝尔则称赞弗莱几乎是世界上最完美的演说家,演讲是弗莱最好的批评实践,是一个从感觉到语言的过程,人们几乎完全"看"得见他的思索和感受(罗森鲍姆,2006a)。

布鲁姆斯伯里文化圈也将目光投向其他文明,通过翻译扩大视野,吸收新知,具备了世界格局。康士坦斯·加奈特(Contance Garnett)翻译的俄国大师如托尔斯泰、契诃夫、屠格涅夫、陀思妥耶夫斯基、果戈理等人的作品,有2 000多万字,甚至影响到了中国。五四以后,中国所介绍的旧俄名著大都是从她以前的英译转译而来,因为那时中国知识界还没有人能从俄文直接翻译作品。由此,她凭一己之力,对我国五四以后介绍俄罗斯文学起了间接的重大作用。她丈夫爱德华·加奈特(Edward Garnett)是个萧伯纳(Bernard Shaw)式的社会主义者,他结识了许多欧洲大陆在英国流亡的政治犯,康斯坦斯也与许多在英国的俄国流亡者建立了友谊,而对俄国的文化和文学产生了浓厚兴趣。她从当母亲开始,就腾出大部分时间精力将19世纪的俄国名著翻译成英文。她甚至对俄国的革命也产生了兴趣,曾经只身去过俄国,为流亡的俄国革命者送回秘密的信息。叶君健(1992)从她身上,看到布鲁姆斯伯里"这个超高级知识分子学派的开阔视野和国际精神"。

汉学家、翻译家阿瑟·韦利的《汉诗英译170首》加上后来的《更多汉语作品英译》,与当时英国收购到的中国风景画共同营造了一个强烈的中国山水氛围。在他之前,英国人只有通过进口的手工艺品来了解中国,是韦利让英国人不仅以视觉,更是以诗歌的形式领略了中国风景。在圈中一切有关"东方"美学和翻译的问题,人们都是向韦利请教。特别是弗吉尼亚对韦利翻译的《源氏物语》评价很高。韦利因对中国文学艺术的译介而被凯恩斯的妻子——俄罗斯舞蹈家洛帕科娃(Lydia Lopokowa)称为"中国的布鲁姆斯伯里人"。

韦利翻译了一百多首中国古典诗歌后,他希望朋友和自己一样从他的翻译中得到快乐。对他翻译感兴趣的人包括弗莱和狄金森,弗莱当时正热衷于开拓他的出版事业(欧米伽工作室的印刷工作被看作伍尔夫霍加斯出版社印刷工作的重要前驱),他希望能出版韦利的诗歌翻译,于是召集大家在欧米伽工作室开了会,询问韦利的翻译作品能够卖出多少本,在英国财政部工作的萨克逊·特纳(Saxon Turner)用几乎听不见的声音说"最多二十本",弗莱让他再说一遍,他把烟斗从嘴边拿开,用坚定的口气回答,"一本也卖不掉"。后来韦利在一个普通的出版商那里花了点钱将四十首译诗出版,作为圣诞礼物寄给了他的朋友们(Waley,1962)。韦利出色的汉学译介和研究是19、20世纪之交中国文化在英国复兴的关键中介,使得中国文学-文化在英美现代主义运动中扮演着重要的角色。

昆汀·贝尔曾经断言,"一个时代的大胆言论,往往会成为下一个时代的陈词滥调"(贝尔,2006)。斯蒂芬·斯彭德在回忆20世纪30年代的布鲁姆斯伯里时,一方面承认它在两次世界大战期间对英国的文学趣味起到了最有建设性、最具创造性的影响(罗森鲍姆,2006b),另一方面将之和薄伽丘所写的在瘟疫期间退居佛罗伦萨乡下讲故事的朋友相比较:伍尔夫和她周围的人共同组成了一个关系亲密的朋友圈子,常常住在查尔斯顿农庄里,他们有着相近的思想,对高雅艺术有着共同的品味,并且彼此忠诚。然而更为年轻的一代作家已不可能隐退到那美妙无比的故事情境中,"倒很像与歌德同一时期的'狂飙突进'文学运动中的那一代作家——深深地被卷入各种事件,并承受着极大的压力,起初热情而猛烈地予以回应,后来则厌烦透顶,且举步维艰"(罗森鲍姆,2006b)。

第二代布鲁姆斯伯里的代表人物朱利安在武汉大学教学过程中,开始对英国文学在中国的接受以及布鲁姆斯伯里传统进行反思。在1936年1月10日给弟弟昆汀·贝尔的信中,他认为中国现代文学简直是"一种奇怪的主张"(Bell,1938)。中国作家们从英国文学中接受的只不过是二流作家的二流文学,如查尔斯·兰姆(Charles Lamb)、斯蒂文森(Robert Louis Stevenson)、罗斯金(John Ruskin)。他认定中国人和中国文学传统中具有强烈的感性、浪漫、情感和柔美,但缺乏理性、智识和观念传统。在 1936 年 5 月 22 日给弗吉尼亚·伍尔夫的信中,朱利安批评狄金森钟情于中国和中国人,是因为他们的柔和与多愁善感,而这些温情、阴柔、平和的人性都不足以强硬、坚实、冷峻到对抗日益迫近的战争和暴力。

在中国的一年零三个月里,朱利安用手中的笔写下的主要是三篇公开信式的批判文章以及与亲人和朋友之间大量的信件。他尝试用崭新的方式来探索现代主义表达。朱利安不断强化、日趋强烈的反法西斯决心和左派政治意识无疑遭到根本性的忽略。他首先关注的是中国国内国民党与共产党的战争以及远东地区日本人与中国人的战争,然后他就密切关注着欧洲的局势,他意识到希特勒法西斯侵略的走向和反法西斯战争的不可避免,也促使他选择了一条与布鲁姆斯伯里的自由主义乃至和平主义不同的激进道路。这一切最终促使他下决心参加西班牙内战,在离开武汉前夕的信中,他这样为自己辩护,"不可能让其他人去为自己信仰的事业战斗而自己却拒绝去冒险。……如果我不去,耻辱感将一辈子烙在我心中。……发现民主、自由主义就像老年人贪婪守财一样令人厌恶"(Bell,1938)。1937 年 1 月,在从中国回欧洲的旅途中,朱利安写下了《战争与和平:给 E. M. 福斯特的信》,由此反驳狄金森和福斯特宣扬的自由主义,他认为这是对布鲁姆斯伯里传统奉行的和平主义的反叛,因为建立在这种信仰基础上的国际联盟凭借的仅仅是理性和善良,而不是以坚强的实力为后盾。在他看来,面对战争和贫穷,布鲁姆斯伯里圈子的自由主义精英们仍幻想靠同情、理性和善良来保护自己。叶君健(1983)晚年回忆自己的老师朱利安时提到,因为时代不同,他在思想上和布鲁姆斯伯里学派的人物又有所不同,"他的思想激进——1937 年他曾赴西班牙参加国际纵队,与法西斯进行面对面的斗争。但不幸的是没有多久他就在前线中弹牺牲"。

布鲁姆斯伯里成员做出了很大的努力,倡导一种理性、平和、自由的生活,舍弃英雄主义的品德,为的是避免由此滋生的英雄式的恶行(贝尔,2006)。布鲁姆斯伯里为此所做的大量努力,在下一代看来,似乎是不可能实现的梦想(贝尔,2006)。

第二节　新月社的绅士风情

新月社文化圈是由1925年前后自英国回国的中国学者组成,以徐志摩为灵魂人物,包括凌叔华的丈夫陈源。这个团体在"思想上和精神上都是世界性的"。他们多在北京大学教书,创办重要文学期刊,推动新文化运动,崇尚人文精神,追求自由。

对于"布鲁姆斯伯里集团"的范围标准而言,凡是被弗吉尼亚和瓦妮莎邀请参加派对的人,都可以算其成员。赵毅衡参照此标准,发现新月派是以人为核心的松散集合,徐志摩与谁交往,谁就是新月派,徐志摩的人格魅力,是新月派的核心(赵毅衡,2013b)。陈西滢(2000)曾在《关于新月社》一文中回忆,"在我的记忆中,新月社代表徐志摩,也可以说新月社就是徐志摩"。赵毅衡看到该英国文化圈和"新月社"有很多相似之处:诗人作家批判家为中心,包括胡适、闻一多、沈从文、梁实秋、凌叔华、卞之琳、陈梦家等,也包括科学家李四光、梁思成等,政治家罗隆基、张君劢,人类学家潘光旦,经济学家张奚若,甚至军人王赓等。

新月社的来源最初是"聚餐会",从"聚餐会"产生新月社。最早的聚餐会地点以徐志摩生活、工作场所——石虎胡同7号的松坡图书馆为主,由此,这里就成为新月社的发祥地。他们半个月聚餐一次,主要成员是徐志摩和胡适。新月社的聚餐会把严肃的知识分子言谈和轻松自由的社交聚会相结合,成为归国留英留美学生相互交流观点、沟通信息、剖析玄微的公共领域。表现出这一代知识分子"讲学复议政、以理性解释社会的特性"(刘群,2018)。梁实秋回忆说,"新月社"原是在北平创立的,是一种俱乐部的性质,是由一批银行界的开明人士及一些文人共同组织的,志摩当然是其中的主要分子,"新月"二字便是由泰戈尔诗集《新月集》套下来的(梁实秋,1991)。徐志摩组织新月社,有明确的"想望","当然只是书呆子们的梦想!我们想做戏,我们想集合几个人的力量,自编自演"(徐志摩,1925),就是提倡戏剧,树立新风气,宣言新思想,对社会起到教育的作用。他以做戏开始其文化活动,要以文艺影响文化,用文化影响政治,由此"露棱角"。

在20世纪上半叶的中国和英国,文化社团和报刊出版的联姻蔚然成风。"通过发行报纸刊物、创办出版社的方式,又能进一步把知识分子群体的社团文化影响力辐射开来,从而在社会上露出有别于其他文化社团的'思想棱角'"(俞晓霞,2014)。文化社团和报刊出版二元一体的模式在现代知识分子文化空间的拓展和知识谱系的整体性传播中往往起着非常重要的作用。

1925年,徐志摩接编《晨报副刊》后,其最大的成就就是创办了《诗镌》,开始形成新月诗派。该诗派大体上以1927年为界分为前后两个时期。前期主要成员有闻一多、徐志摩、朱湘、饶孟侃、孙大雨等。他们提倡新格律诗,主张"理性节制情感",反对滥情主义和诗歌的散文化倾向。闻一多在《诗的格律》中提出了著名的三美主张,"音乐美、绘画美和建筑美"。后期以1928年的《新月》月刊和1930年创刊的《诗刊》季刊为主要阵地,新加入的成员有陈梦家、方玮德、卞之琳等。1931年,新月派新一代诗人陈梦家编了一本《新月诗选》,选了徐志摩、闻一多等18位诗人的80首诗,是新月派诗人诗作的一次集中展现。他在"自序"中,总结了新月派的诗风,"本质的醇正,技巧的周密和格律的谨严,差不多是我们一致的方向"(陈梦家,1931)。诗的艺术表现和现代派诗歌趋近。理论上,以饶孟侃的《新诗的音节》、闻一多的《诗之三美》和孙大雨的"音组"作为发展顺序。徐志摩对诗的音节的理解为"一首诗应该是一个有机的整体,部分与部分相关联,部分对全体有比例的一种东西。一首诗的秘密也就是它的内含的音节,匀整与流动"(转引自王一心、李伶伶,2009)。他也推崇格律,但没有闻一多那样严谨,不脱自由。

朱自清在《中国新文学大系·诗集导言》中对新月派提倡格律诗运动评价甚高:他们是真研究、真实验;每周有诗会,或讨论,或诵读。徐志摩对新月派所做的格律诗尝试,做了总结,"第一在理论方面,我们讨论过新诗的音节与格律。我们干脆承认我们是'旧派',……想是我们的天资低,想是我们'犯贱',分明有了时代解放给我们的充分自由不来享受,却甘心来自造镣铐给自己套上"(转引自王一心、李伶伶,2009)。在仅仅11期的篇幅中,新月派在《诗镌》上发表的创作和理论,在中国现代诗歌的发展史上,仍然占有一定的地位。

《诗镌》在仅仅维持两个多月后就"放假",《剧刊》紧随其后,由余上沅为首的对戏剧充满热爱的人,倡导"国剧运动"。简单来说,该"国剧运动"就是要通过借鉴西方戏剧艺术来改造旧戏,丰富中国本土的戏剧艺术。徐志摩做了发刊词《剧刊始业》,把《剧刊》的办刊方针总结为,"第一是宣传:给社会一个剧的观念,引起一班人的同情和注意……第二是讨论:我们不限定派别,不论那一类表现法都认为有讨论的价值……第三是批判与介绍:批评国内的剧本,介绍世界的名著。第四是研究:关于剧艺各类在行的研究"(徐志摩,1926)。徐志摩(1926)在发刊词中还写道:"戏剧是艺术的艺术。……它不仅包含诗,文学,画,雕刻,建筑,音乐,舞蹈各类的艺术,它最主要的成分尤其是人生的艺术。"《剧刊》的创办,还是寄托着新月社未竟的理想"想做戏",然而唯一的成绩就是泰戈尔来华时排演的泰戈尔的短剧《齐德拉》(Chitra),在北平协和学校大礼堂上演,剧中人扮演者有徐志摩、林徽因、张歆海、林宗孟、蒋百里等。借助办刊,以及艺专的戏剧科,在最短的时间内办起一个"小剧院"。创刊号上有赵太侔在《国剧》一文中宣称"西方的艺术家正在那里拼命解脱自然的桎梏……在戏剧方面,他们也在眼巴巴地向东方望着"。由此他认为"应该绝对地保存旧剧中的一个特出之点",即"程式化"(conventionalization)(赵太侔,1926)。闻一多则在第2期发表了《戏剧的歧途》,他批评现代以来传到中国的西方的戏剧,如易卜生、萧伯纳、王尔德等人的作品,都只重思想轻艺术。他提出戏剧除了"改造社会,也还有一种更纯洁的——艺术价值",其最高目的是达到"纯形"(pure form)的境地。余上沅不能苟同梁实秋戏剧"偏重文学的观点",他反驳梁实秋"舞台为戏剧而设,戏剧并非为舞台而创造",说历史上恰是先有剧场和演员,然后才有戏剧的。

办《新月》杂志是要一个发表自己文章的阵地。1927年元旦,徐志摩的日记里只写了一句话,"《新月》决定办"(徐志摩,2003)。由此主要业务增加了发刊《新月》杂志。1928年3月在《新月》创刊号的发刊词《"新月"的态度》中，徐志摩说要评价一个思想行业应否存在的标准有两个：一是"不妨害健康的原则"，二是"不折辱尊严的原则"。新月的态度就是"我们不敢赞许伤感与热狂，因为我们相信感情不经理性的清滤是一注恶浊的乱泉……我们不崇拜任何的偏激，因为我们相信社会的纪纲是靠着积极的情感来维系的……我们不能归附功利，因为我们不相信价格可以混淆价值，物质可以替代精神"。梁实秋（1989）在《忆新月》一文中说，文章是"志摩的手笔，好像是包括了我们的共同信仰"。

等到后来国内战乱频仍，各地不少人聚集在上海租界，办新月书店是为更便利地出版自己人写的书。经徐志摩的热心奔走，遂组成了"新月书店"，志摩出力邀集股本2000元，大股一百元，小股五十元，余上沅是总经理。最早记录新月书店的是上海《时事新报·青光》的一篇文章，署名为小圕，"胡适之、徐志摩等创办之新月书店，闻已租定法界麦赛而蒂罗路一五九号为店址，现已付印之新书约十余种，正在整理待印者尚有四十余种之多"（《时事新报》，1927年6月21日）。有趣的是，据王一心和李伶伶考证，这个小圕极有可能是梁实秋，一是因为他当年从5月1日到8月9日负责主编《青光》，他借用此版面为新月书店做广告是可能的，二是他在7月5日和15日分别用"王小圕"这个笔名写了两篇文章《戒烟》和《是热了》（王一心、李伶伶，2009）。1927年6月27日和28日，上海《申报》连续两天刊登了《新月书店启事》，阐明办新月书店的目的，"要鼓励出版事业，我们发起组织新月书店，一方面印书，一方面代售……如果因此能在教育和文化上有点贡献，那就是我们的荣幸了"。刘群总结新月书店最大的贡献首先就是为同人著作的及时出版提供了有利条件和保障，为更多自由知识分子、出书不易的同人争取到一处公开的发言阵地，从而满足新月知识分子在变革社会中建立自己发言位置的欲望。其次，它为文学力量的延续和发展提供了支持，出版了一批文坛新秀的书籍，如陈梦家，沈从文和曹葆华等。再次，新月书店还出版了一批具有特殊意义的左翼作家的作品。最后，它逾越了门户界限，不局限于同人著作，显现出一种成熟的出版者的气度（刘群，2018）。

《新月》月刊在1928年3月出版创刊号，1933年6月第4卷第7期停刊，月

五四以来中英文化圈对话与互鉴研究

刊没有主编,编务是轮流办理,集体编辑,这份名单包括前期的徐志摩、闻一多、饶孟侃、梁实秋、潘光旦、叶公超、罗隆基,后期还有胡适、余上沅和邵洵美。新月派作为文学流派,其所办的《新月》杂志,从总体来说是文学杂志,其中胡适、罗隆基的政论文也较有影响。罗隆基和梁实秋写了篇《敬告读者》,"自从第二卷第三期起,我们接连着登了胡适、梁实秋、罗隆基几位先生的文章,于是许多人都异口同声地说,'新月谈政治了'"。也正是大量政论文,引起"新月"群体中不少人的反对,包括徐志摩和闻一多,他们主张《新月》应办成文学刊物,而不是综合性杂志。由此,新月社的一些文学家们已经不愿把自己的作品交于《新月》发表,编《新月》的人已经到了无米下炊的地步。倪平(2005)认为《新月》不是因为经济困难,而是人心涣散才无奈停办的。

《新月》刊物将目光集中在布鲁姆斯伯里的现代主义小说创作,即伍尔夫和曼斯菲尔德身上。朱利安在武汉教书期间指导凌叔华阅读《到灯塔去》。该著作是伍尔夫重要的意识流作品,被伍尔夫丈夫视为最好的一部作品,是一部杰作,"一首全新的心理分析之诗"(伍尔芙,2009)。劳伦斯(2008)认为伍尔夫和凌叔华的关系就像"弗吉尼亚·伍尔夫的《到灯塔去》和凌叔华的友谊画卷"。

凌叔华的丈夫陈西滢和其好友徐志摩是最早翻译曼斯菲尔德(Katherine Mansfield)作品的中国学者。1924年,徐志摩和陈西滢合译的《曼殊斐尔小说集》由商务印书馆出版;1927年,徐志摩翻译的《曼殊斐尔小说集》由上海北新书局出版;同时,陈西滢和徐志摩都在《新月》刊物上发表多篇翻译的曼殊斐尔小说或评论文章。如陈西滢翻译的《曼殊斐儿》(1928年第1卷第4号),陈西滢的《〈一个没有性气的人〉译后附言》(1929年第1卷第12号),陈西滢的《〈贴身女仆〉译后附言》(1929年第2卷第1号),叶公超的《海外出版界:曼殊斐尔的信札》(1929年第1卷第12号),徐志摩的《关于女子》(1929年第2卷第8号)。凌叔华在《现代评论》(1928年第8卷第195期、第196期)上发表了自己翻译的曼斯菲尔德小说《小姑娘》。她在自己的小说中运用了曼斯菲尔德的内心独白、视角转换、时空倒叙、象征手法等意识流创作手法。林晓霞(2004)具体分析了凌叔华的《写信》《凤凰》《酒后》,分别借鉴了曼斯菲尔德的《女仆人的佣人》《求职女》《陌生人》。

萧乾在剑桥时就读过现代主义巨著《尤利西斯》,50 年后他和妻子文洁若一起把这本著作翻译成中文,弥合了英国现代主义在中国的割裂状态,也是萧乾文学翻译事业最大的一项成果。叶君健也认识到意识流在英国作家伍尔夫的作品中得到最成熟的表现。"她开创了一个新的流派——意识流……她采摘了英国文学语言中的精华,再糅进她细微的、高度敏锐的感觉,从而创造出一种诗意浓厚的新鲜语言,给读者以极大的享受"(叶君健,1990)。叶君健还亲自翻译了伍尔夫的《伦敦植物园》,他认为伍尔夫将意识流手法归纳为体系,提高到理论的高度。同时他指出伍尔夫在表现现代人心理深度方面做出了贡献。他自认为伍尔夫是他从之学习并且从中真正得到了实际教益的数位外国作家之一。

叶公超则是国内第一位把伍尔夫的作品翻译成中文的学者。1932 年 1 月《新月》第 4 卷第 1 期发表了叶公超翻译的《墙上的一点痕迹》。叶公超同时把伍尔夫反传统的意识流小说创作技巧介绍给国人,"这种新的表现方法所影响于读者的不但是一种新的技巧,它可以直接指示我们如何去观察人生"(陈子善,1998)。他盛赞伍尔夫的小说和艾略特的诗歌都是"表现人类心灵在意识和下意识错杂之中的活动,所以他二位的技术都是别开生面的"(《现实世界与艺术世界》,《大公报·文艺副刊》第 86 期,1934 年 7 月 21 日)。随后,《大公报·文艺》发表了卞之琳翻译的弗吉尼亚的《论英国人读俄国小说》(1934 年 2 月 28 日),《两种圆》和《邱园》(1934 年 6 月 27 日),以及赵生蕤翻译的《海浪》。卞之琳和赵生蕤都是叶公超的学生。

"新月派"不仅是一个文学流派,也包括戏剧和美术。徐悲鸿和刘海粟可以算得上是新月美术家。徐悲鸿在《新月》上刊登了五幅作品,其中《哈代画像》为《新月》创刊号而作,配上徐志摩写的文章和诗歌《汤麦士·哈代》,成了哈代的纪念号。刘海粟虽然为《新月》只画了两幅《罗刹蒂画像》,但在徐志摩意外去世后,他写了一篇感人至深的悼文《忆徐志摩》,既肯定徐志摩的诗歌,也认为他的艺术批评同样是不朽的。1927 年,刘海粟在上海举办个人画展后,徐志摩写了篇《海粟的画》,刊登在 12 月的《上海画报》第 303 期上,他评价说刘海粟是"一个有玄学思想的画家"。他的国画,确乎是"东方一部分玄学思想的绘事的表现"。

　　留学英伦期间,徐志摩结识了罗杰·弗莱,还从他那儿得到"启迪性影响",把塞尚作为"人生追求的标杆"。1929 年 4 月 10 日,民国教育部组织的"全国第一届美术展览"在上海举行,回国之后的徐志摩名列七人组成的总务会常务委员会,同时负责主编配合美展而发行的《教育部全国美术展览会特刊》,蔡元培为特刊作序并撰文《美术批评的相对性》,总共出版十期及增刊一期。徐悲鸿在《教育部全国美术展览会特刊》第 5 期上发表了一篇名为《惑》的文章,他本人没有参加此次展览,且对第一次全国美展出现的追逐西方印象派、现代派盲目求变的作品甚为反感。他对当时法国的主流艺术印象派——后印象派的艺术评价不高,认为"虽以马奈(Manet)之庸,雷诺阿(Renoir)之俗,塞尚(Cezanne)之浮,马蒂斯(Matisse)之劣,纵悉反对方向所有之恶性,而藉卖画商人之操纵宣传,亦能震撼一时,昭昭在人耳目"(郎绍君、水天中,1999)。他斥之为庸、俗、恶、劣、浮。在同一期上,徐志摩发表了《我也惑》一文来回应徐悲鸿。他反对徐悲鸿的偏见、固执,称徐悲鸿"谩骂"塞尚、马蒂斯是"意气的反动",是不合理的艺术批评态度,即是一种不为历史认可的"偏见"。徐志摩认为世界潮流在不断变动中,中国不能安然独立于潮流变化之外。他站在纯艺术的角度,对艺术本身进行体悟。认为画家不应受社会环境左右,所画作品只要能对生命和精神进行阐释,都是真艺术家。从"塞尚在中国"这一特定情境中,我们可以看到,国内对塞尚的译介几乎与世界同步。而徐志摩有关塞尚的识见主要来自英国批评家弗莱的研究,在这场论争中,他对塞尚毫不吝啬的赞美,虽显偏激,但绝非盲目用事。"二徐论战"已经成为 20 世纪中国美术史上的一桩公案,通过比较"二徐"在艺术批评理念和现代性追求上的异同,考察艺术批评是如何借助全国美展这一平台,利用论战的形式吸引眼球,达到另类的现代性知识生产,向艺术界以外的社会人士传达于当时而言更加新颖的艺术理念。艺术现代性议题在私人讨论之上,被加以公共化建构,使得"惑"的解与不解,成为承载起艺术现代性知识生产的理论场域,通过美展及其会刊得到相应的讨论(庄沐杨,2020),由此,二徐推动了艺术现代性在公共领域的发展,在更大规模传播新观念、新知识,并借以完成审美现代性的知识生产。

新月绅士大多留学英美国家,受过英美文化的正规教育。陈西滢声称"受了英国思想自由的毒",胡适是美国实用主义大师杜威(John Dewey)的及门弟子,徐志摩既是英国实在论哲学领袖罗素的私淑弟子,又信奉西方自由主义人权论的始祖卢梭,而梁实秋师承美国新人文主义思想家白璧德(Irving Babbitt),讲究在纪律和修养规范下的自由以保障理性的秩序。萧乾则以通讯、杂文、社评诸形式直接表达现代民族国家民主建制的社会理想与文学信念。他们可谓是一些真正具有现代意义的自由知识分子,"他们的公共地位,不决定于或定价于公共维度的语言。他们并不把自己看作公众人物,而是以合法主张应邀影响公众生活的独立的个人"(格里德尔,2002)。

第三节　两个文化圈的遇合

早在20世纪初,中英两国文化交流频繁,剑桥大学学者狄金森两次访问中国,以希腊和中国双模式建立现代价值。在他看来,中国是处于"西方政治与价值之外的一个理想之地"。新批评理论家 I. A. 瑞恰慈多次到中国讲学,更在和中国学者的交流后写出《孟子论心》。他从"中国如何走向世界"的角度看问题,努力理解中国,他在总结双重研究时说:"需要一个更大的想象资源——想象对方的目的、想象适合对方的思维结构,而不是我们的。"他的学生威廉·燕卜荪(William Empson)经他推荐,在20世纪30年代分别在北京大学和西南联大教授英国文学,1950年又二次回到北京,直到1952年才离开中国。哈罗德·艾克敦20世纪30年代来北京大学教书,待在中国7年,认真宣讲英美现代派文学,与学生陈西禳编译《中国现代诗选》,于1936年在伦敦出版,是中国新诗的第一个英译本。

五四以来中英文化圈对话与互鉴研究

梁启超去西欧考察后，1920年归来创办讲学社，该团体可以说是专门为邀请英国哲学家罗素来华讲演而成立的，并邀请赵元任担任罗素中国讲学的翻译。罗素于1920年9月到1921年7月，担任北京大学客座教授。来华讲学期间，他与中国知识界精英和各界人士进行广泛接触，足迹遍布北京、上海、南京、杭州、长沙、保定等地，并做了20多个主题演讲，在当时造成很大的轰动，尤其触发了思想界的思考和讨论，深刻影响了一批中国年轻人，形成一股"罗素热"。罗素赞美中国文化，在中国，生活的乐趣无所不在，不幸的是，中国文化的弱点是缺乏科学。中西方知识分子的差别就在于科学的思想。他希望西方学习中国人的沉思性智慧和忍耐精神，认为中国文明中最值得西方学习的是她的和平主义。中国应当学习西方的长处，学习"具有伦理的和社会的价值的、具有纯粹学术兴味的"科学方法，而西方人应该学习中国人对人生归宿的合理理解（罗素，1996）。他呼吁要"保存中国人的文雅、谦让、正直、和气等特性，把西方科学的知识应用到中国的实际问题中去"（罗素，1996）。罗素指出一定要循着科学的公律来进行社会改造，他赞扬共产主义理想，同时反复强调共产主义必须与实业制度并行。接着罗素提出评判一个社会制度好坏的标准，他认为一个好社会有两个条件：其一是社会里人民现在的幸福，其二是社会以后再进步的机会。

罗素回国后出版《中国问题》一书，论述他对中国文明的领悟和建议。他提出当时中国面临的三个问题：建立一个有秩序的政府，在中国人的支配下发展工业，普及教育。他断定中国须有"决心之士万人"来进行社会改革。阿瑟·韦利在谈到布鲁姆斯伯里人与中国的文化交流时也提到，"至今为止，所有到中国的英国人都是为政治原因，他们不是传教士、军人、商人就是官吏，但约在这时候，另有一班人开始访问中国——有余闲而渴望多认识世界的人，他们是诗人、教授、思想家，大多数都是史勒奇（Lytton Strachey）的朋友。另一方面，狄更生、罗素、楚辅彦（Robert Travelyan）等人到中国的目的并非传教、贸易、做官或打仗，而是老老实实地交友和学习，他们跟中国人来往接触，使中国人对我们有面目一新之感"（程新，1986）。

为了"从罗素"，徐志摩从美国转学英伦，1921年，徐志摩在狄金森的推荐下,作为特别生进入剑桥大学国王学院学习,他与罗杰·弗莱、阿瑟·韦利等布鲁姆斯伯里成员结为好友。1925年在徐志摩第二次访英时,他拜访了凯瑟琳·曼斯菲尔德,并在文章中记录下"不死的20分钟"。他和曼斯菲尔德在英国的会见被认为是中国现代文学史上一个具有历史意义的事件。在同一年,他去拜访85岁高龄的托马斯·哈代(Thomas Hardy),成为唯一见过哈代的中国浪漫诗人。

1928年徐志摩得到资助,重回欧洲游览,特别是他回到剑桥故地重游,成就了一首中国现代诗歌名篇《再别康桥》。在伦敦期间,他读到了伍尔夫的《到灯塔去》,并致信弗莱,希望能够拜访伍尔夫。虽然未能如愿,徐志摩在《轮盘自序》中说道:"我念过胡尔弗(注:即伍尔夫)夫人,我拜倒。"《新月》于1929年第2卷第8期登出徐志摩的《关于女子》,这是二度游欧归来的徐志摩在苏州女中的演讲内容,他在其中及时引用了伍尔夫《一间自己的房间》的观点,也是把伍尔夫这个英国现代主义大家介绍给中国的第一人。

弗莱的妹妹玛格丽特·弗莱(Magarate Fry)在得到庚子赔款教育交流基金之后来到中国,并在1933年遇到凌叔华和陈西滢夫妇。玛格丽特的中国之行促使伍尔夫的外甥朱利安也来到中国。1935—1937年,朱利安来到武汉大学教书,他写信给伍尔夫和其母瓦妮莎介绍中国文化和喜爱的中国画家,新月派作家凌叔华,"她告诉我北平也有一个中国的布鲁姆斯伯里,就我目前来看,的确很像伦敦那个圈子"(Bell,1938)。1938年,朱利安在西班牙战死后,他母亲瓦妮莎和凌叔华开始频繁通信,给了后者莫大的安慰和鼓舞。凌叔华在读了伍尔夫的《一间自己的房间》之后,提笔写信给这位神往已久的现代主义文学大家,自此开始了与伍尔夫的直接对话。伍尔夫在回信中鼓励、指导凌叔华进行自传体小说《古韵》的创作,并为之修改。以此为契机,新月派与布鲁姆斯伯里文化圈分处两大洲的人物谱系在徐志摩之后又一次被联通,双方的文化交往实践得以接续(章元羚、汪云霞,2017)。

在伦敦索斯比拍卖会上,朱利安的一箱书信引起帕特丽卡·劳伦斯的莫大好奇心,书信涉及他与中国女作家凌叔华的一段秘密恋情,她致信拍卖行,几经

五四以来中英文化圈对话与互鉴研究

周折,在纽约公共图书馆阅读到了这包信札,随后往返于中国、英国和美国的大小图书馆和档案馆,查阅大量资料和信件,并采访萧乾和叶君健等同时代人,叶君健是朱利安教过的学生。据此写出《丽莉·布瑞斯珂的中国眼睛》一书。从朱利安和凌叔华的这一段恋爱开始,揭开了布鲁姆斯伯里和新月社两个文化圈的一段跨越时空的对话。诚如劳伦斯所言,这不是一段孤立的中外情缘,交杂其中的是中英两个知识分子团体之间的文化邂逅及频繁互动。

据劳伦斯考证,在1938年到1939年之间,凌叔华已经给伍尔夫寄去了八到十篇手稿,通信因为伍尔夫的去世戛然而止,《古韵》的写作也因为战争的愈演愈烈而被迫中断。直到1946年凌叔华终于来到伦敦并与布鲁姆斯伯里文化圈实现了面对面的交往才"旧事重提":当维塔·萨克维尔·维斯特(Vita Sackville-West)问到凌叔华有没有用英语写过些什么时,凌叔华提起了那些早前与伍尔夫通信期间写作的章节。前者非常惊异,鼓励她一定要将这部作品完成。他们联系了弗吉尼亚的先生,同样身为作家的伦纳德·伍尔夫,寻获了凌叔华向弗吉尼亚逐章寄回的原稿,且对它们进行了一一的重读与评论,《古韵》才终于在1953年由伍尔夫夫妇共同创办的霍加斯出版社付梓出版。

萧乾在1939年受聘于伦敦大学东方学院教授中文,很快他对英国现代主义文学产生了兴趣,并于1942年辞去东方学院教职,去剑桥大学国王学院学习英国心理学小说,即意识流小说。他翻译介绍英国现代主义,向英国公众介绍当代中国。他和福斯特、韦利、奥威尔(George Orwell)在伦敦和剑桥结为好友,成就了中英文化交流史上的一段佳话。然而可惜的是,他在回国后亲手切断了和福斯特的"个人关系",他们之间的友谊以悲剧结束。

诗人W. H. 奥登(W. H. Auden)和散文家衣修伍德与布鲁姆斯伯里文化圈的伍尔夫、福斯特交好。衣修伍德是在福斯特的影响下才开始小说创作。中国抗战爆发后,奥登和衣修伍德决定去中国进行战地采访,伦敦文艺界人士为他们举行小型欢送会,福斯特也出席欢送。1938年1月到7月间,奥登和衣修伍德在中国战地广泛旅行,记录见闻与经历,从香港、广州一路到武汉、郑州,又经徐州、西安到南昌、温州等地,最后抵达上海,借道美国返回欧洲。其间,他们会见军政长官、战地记者、教士修女、中国士兵、难民、战俘等,记录了对蒋介石夫妇、冯玉祥、周恩来等人的印象,侧面呈现了重大历史事件,如台儿庄战役、武汉空战和淞沪抗战,揭露了日军空袭、烧杀抢掠、奸淫妇女的暴行,明确表达了对中国抗战的同情、尊重和支持,体现了正义感和人道主义精神。结束中国之行后,奥登用诗歌,衣修伍德用旅行随笔与日记的形式整理出他们在中国战场的所见所闻,合著成《战地纪行》,在1939年由伦敦法伯出版社和纽约兰登书屋同时出版。该书因其对远东反法西斯战事的主题,以及诗歌、游记、日记和图片报道的形式引发欧美知识界的广泛关注,特别是奥登所写的29首十四行诗,被同为诗人的斯蒂芬·斯彭德盛赞为30年代奥登诗歌中最深刻、最富创新的篇章,"也许是30年代最伟大的英语诗篇"(Mendelson,1981)。

在1938年4月22日的旅行日记中,衣修伍德记录了两位英国作家在武汉大学参观时,受到陈西滢夫妇的热情接待。凌叔华送给他们每人一个她手绘武汉风景和古诗句的刺绣卷轴。她还托付他们给伍尔夫带去一个小盒子,里面是一个雕刻精美的象牙骷髅。劳伦斯(2008)提到,"陈夫人非常欣赏弗吉尼亚·伍尔夫的作品"。凌叔华的礼物在半年以后,终于到达了伍尔夫的手中,成为这对从未谋面的中英女作家珍贵友情的见证。而奥登、衣修伍德与凌叔华的交往,成为朱利安·贝尔之后,连接"布鲁姆斯伯里团体"与中国现代作家的又一条重要纽带(杨莉馨、白薇臻,2022)。

新批评的奠基者瑞恰慈在1929年第二次来中国时,在北京大学任教,卞之琳当时是北大学生,他去听过瑞恰慈的课。同时期的英国小说作家艾克敦也在北大任教。与他同住的陈世骧把诗友带来,刚刚出版了诗集《三叶草》的卞之琳给他留下最为深刻的印象。艾克敦和陈世骧合作编译一本中国现代诗集,其中卞之琳的诗歌有16首之多。1940年,卞之琳辗转到西南联大任教,英国作家白英(Robert Payne)请了袁可嘉等学生,每人译一位,合成一本《中国新诗》,所收录的卞之琳诗歌又是最多,有16首,由他自译。

卞之琳曾于20世纪40年代末在英国访学。尽管没有文献资料表明艾略特和卞之琳曾经见过面,我们的确知道卞之琳被授予英国文化委员会旅居研究奖,于1947年到牛津大学拜里奥学院做独立研究,他很享受每周两次受邀参加"高桌晚宴"的待遇,他认识了克里斯托弗·希尔(Christopher Hill)等作家。在牛津期间,卞之琳主要从事修订《山山水水》英文改稿工作。由叶君健介绍,他在游剑桥时拜访了英国著名小说家——布鲁姆斯伯里重要成员 E. M. 福斯特。更重要的是,他结识了著名的中国古典文学翻译家阿瑟·韦利,和伦敦文化圈有了直接接触。由韦利联系,衣修伍德邀约卞之琳到伦敦皇家咖啡店会面,给卞之琳的英文写作提了一些意见,随后衣修伍德带卞之琳去泰特画廊参观。衣修伍德的日记对此略有记载。卞之琳翻译的衣修伍德的《紫罗兰姑娘》于1947年面世。赵毅衡转述卞之琳《紫罗兰姑娘》的序言,"可能是因为先生刚拜访过福斯特,觉得那画上的希腊神话人物,容貌肖似英国布鲁姆斯伯里知识分子"(赵毅衡,2013b)。

  1949年新中国即将成立之际,卞之琳毅然返回祖国供职于北京大学。1952年与同在北大的燕卜荪交往,燕卜荪对卞之琳的自译16首,称赞有加。卞之琳与燕卜荪关于莎士比亚的讨论也令卞之琳受惠良多。从1956年到1984年,卞之琳译出《莎士比亚悲剧四种》,以诗译诗,让莎士比亚诗剧灵魂复活,它们至今仍是无可替代的经典译本。赵毅衡1978年起师从卞之琳学习莎士比亚,是卞之琳为他选定了形式学的研究方向,后到加州大学伯克利分校获得比较文学博士学位,1988年起,赵毅衡受聘于英国伦敦大学东方学院20年,自嘲只是教师不是老师。作为新月社的第二代传人,他在伦敦教书期间,就生活在布鲁姆斯伯里地区,不禁感叹自己坐在历史的隔壁。他写下《生活在布鲁姆斯伯里》一文,从源起、意义至核心人物瓦妮莎与弗吉尼亚·伍尔夫两姐妹,深入剖析布鲁姆斯伯里派及其特点。他把布鲁姆斯伯里集团视为一个经常聚会的知识分子朋友圈,其中画家与美学家居多,也包括作家、政治学家和经济学家。要判定谁属于布派,瓦妮莎与弗吉尼亚两姐妹与谁交往,谁就是"布鲁姆斯伯里派"。而判别布派的核心成员有个简单方法:瓦妮莎的孩子们,经常用昵称的人,就是母亲的最好朋友。除了经常聚会,这些知识分子的共同点是对所谓"维多利亚英国"的美学和道德的叛逆,他们奉行友谊第一、家庭第二原则。第一次世界大战中，布鲁姆斯伯里派都持反战立场，登记为"良心反战分子"。英国允许这些人不上战场，但是必须到乡下干活。瓦妮莎干脆买下伦敦之南秀丽远郊的"查尔斯顿农场"，让男人们在那里逃避上战场。战后二三十年代布鲁姆斯伯里派的聚会地点，也常选在该处。

赵毅衡追忆刚到东方学院不久后，学院买下了边上罗素广场二十五号旧楼，过去是菲玻出版公司（Faber&Faber）的办公楼，楼的外墙有一条钢制的火灾时供逃逸的梯子。他想象当年诗人艾略特的妻子维维安从大门口冲进来，艾略特先生从墙外钢梯狼狈而下的场景，这个防火梯是诗人匆忙奔入荒原的通道。20世纪90年代初伦敦大学另外的几个学院也在扩大，他读到报纸上哀叹布鲁姆斯伯里集团的残存遗迹要被湮灭了。东方学院出版科搬出教学楼到半里路外的Tavistock广场，那里正是伍尔夫夫妇坚持了几十年的私人出版社"霍加斯出版社"所在地。在这里，弗吉尼亚·伍尔夫通过读稿，遍识英才，于1923年出版了艾略特英国版的《荒原》。

小 结

本尼迪克特·安德森（Benedict Anderson）发现在16世纪的欧洲出现了大量被印刷品所联结的"读者同胞"，使民族共同体在阅读中逐渐构建起来。其《想象的共同体》所提出的民族作为"想象"的产物，其实有一个重要的依托点，即印刷资本主义对这样一种想象的加持。伍尔夫夫妇创办的霍加斯出版了艾略特、弗莱等作品，引入弗洛伊德心理学著作；康斯坦丁翻译了陀思妥耶夫斯基等的俄国小说，韦利翻译了中国古典诗歌，向其他文明敞开，具有国际视野；伍尔夫撰写书评，定位普通读者意识，精心打造思想空间，和学院派知识传播拉开一定距离；弗莱引进法国后印象主义画展，开设美学讲座，对英国现代主义起到关键的培育、策划和传播作用，同时创办欧米伽艺术工作场，出售艺术化的家具和其他工艺美术品；大卫·格兰特和弗朗西斯·比勒尔经营书店。布鲁姆斯伯

五四以来中英文化圈对话与互鉴研究

里文化圈成员秉持日常生活艺术化的理念,勇于承担公共知识分子的责任,通过各种社会活动致力于高雅文化的普及工作。

布鲁姆斯伯里从来都不是一个正式意义上的文学社团,而是包含了当时英国文学、美学、艺术、经济、哲学诸多领域的众多文化精英,同样,新月派也同样不是一个纯正的文学社团,而是一个"政治、思想、学术、文艺兼而有之的流派"(郑择魁,1983)。戊戌变法失败后,梁启超避居日本,先后创办《清议报》和《新民丛报》,陆续发表文章,建构新民说。他认为新民首先要摆脱奴性束缚,应该具备高尚的公德意识,独立自主的人格,还要有尚武精神,同时又写小说勾勒一幅新中国的理想蓝图。自梁启超《新中国未来记》起,晚清中国知识分子致力于缔造公共领域、想象民族国家和设计社会形态。徐志摩主导的《新月》杂志、新月书店、新月群落三者有机结合的中国留英美知识分子的公共空间,中国留学族群以自由-人文主义精神为底色的剑桥学派精神为基础凝结了新月文化精神。"新月"推出了闻一多、徐志摩等"格律派"现代诗人,给了小说家凌叔华和沈从文施展才华的舞台,也让余上沅实现"国剧运动"的梦想,更为梁实秋、胡适和罗隆基实现文学和政治抱负提供了平台。

约翰·梅彭描述布鲁姆斯伯里团体的成员是"富于敏锐审美力的'文明的个人',具有训练有素的纯正品味,享有建立在不拘礼节基础上的一种现世性、在性方面不落俗套的优雅友谊,他们压倒一切的冲动是要突破陈规惯例,开辟出通往一个更宽松的、较少市侩化和残酷性的社会秩序的道路……他们尤其要抵制艺术和文学中的道德化"(Mepham,1996)。法国心理学家夏尔·莫隆(Charles Moron)也认为这个团体的和谐性不仅在于相似,更在于相互间的互补性与创造性,"他们对于权力不屑一顾;他们忠于自己的信仰,但并不将其强加于人;他们聚在一起,不为力量,只为寻找属于自己的快乐"(罗森鲍姆,2006b)。

新月社的理性观念和自由观念都与布鲁姆斯伯里团体极其相似。通过旅行交流、文学创作和翻译,策划美展以及课堂教学,两个文学团体得以相互联通并进行文学对话,他们各自始于私人雅集,到印刷公共空间的建构,到最终建立起独立的文学共同体,进而对当时的文坛和社会产生了影响。梁实秋(1989)坦陈新月社的绅士趣味重些。朱寿桐(1995)同样把新月社和绅士风度联结起来,"西方自由主义传统的价值观念,中国传统文士的儒雅趣味,以及梁启超、林长民前辈学人的人格风范,是新月派绅士风情的文化传承内容"。刘群(2018)指出他们形塑了"毕竟是书生"的文化身份特征。用钱锺书(1994)的话说,新月成员充当了中西文化交流的"居间者或联络员",使国与国之间缔结了文学文化与思想的"因缘"。俞晓霞(2014)指出,新月派成员并没有像激进的"五四"西方主义者那样否定和丢弃中国古典文化,他们对传统文化和道德的反叛也没有布鲁姆斯伯里人来得彻底和决绝。"从糅合了文人雅集和沙龙特色的聚会形式,到融汇了西方现代民主思想和'三美'形式要求的诗歌主张,新月派一直试图在创造中西文化结合的宁馨儿"。

第二章

追赶现代和热爱古典:
徐志摩和狄金森的剑桥相遇

第二章

追赶现代的徐志摩在剑桥和热爱古典的狄金森相遇相知,成就 20 世纪 20 年代中英文化交往史上的一段佳话。徐志摩(2005)在《吸烟与文化(牛津)》中说:"我的眼是康桥教我睁的,我的求知欲是康桥给我拨动的,我的自我意识是康桥给我胚胎的。"作为"剑桥人",徐志摩不仅创设了梦幻旖旎的"剑桥神话"(赵毅衡,2013b),参与和见证了中西剑桥交往史上以及 20 世纪 20 年代剑桥大学人文学术史上的"黄金时代"(刘洪涛,2011),他也为自己在剑桥文学史上保留了一个位置。其海外交往使他成为中英现代文学之间的重要纽带;同时他致力于中国文化的播植,以自己独特的方式争取中西间的文化沟通。徐志摩归国后成为新月社的灵魂人物,把英国的浪漫主义文学、现代主义文学都介绍给中国读者,并成长为新月派的代表性诗人。

第一节 "我上辈子是中国人"——狄金森

狄金森和徐志摩在各自的阅读、旅行和想象中构建了各自的中国和英国。在林长民的牵线下,狄金森是徐志摩到英国后结交的第一位英国学者。他第一次会见狄金森是在伦敦国际联盟协会上。狄金森是"国际联盟"这个术语的创造者,还在国际和平主义者组织 Bryce Group 的创建中扮演关键角色,正是这个组织设计了联盟条约的基本条款。狄金森在 1930 年 BBC 的一次广播中讲到,他一生都致力于建立国际联盟等事业,付出大量的时间致力于理解并表达他人的观点。他的和平主义个世界主义精神,成为他与中国文化结缘的基础(杨莉馨、白薇臻,2022)。

狄金森有两个文化理想,一个是希腊,另一个是中国。远古的希腊让他明白了英国政治和社会混乱的事实,而异教的东方中国则使他体会到了正义、秩序、谦恭、非暴力的理想境界。E. M. 福斯特在为狄金森写的传记中提到,狄金森曾研读过翟理斯的《古文选珍》和法国外交官欧仁·西蒙(Eugène Simon)的《中国城》,从中看到一个古老、和平的儒教传统下的农业大国。他将中国视为

五四以来中英文化圈对话与互鉴研究

另一个希腊,探究西方可以从中汲取的东方智慧。1913年6月8日,他给E. M. 福斯特写信说,大家皆称中国既脏又穷,但他仍然深感中国之可爱,中国人民充满了人性,贫困度日仍能保持有宽容与安详的快乐。狄金森将之概括为物质利益和道德道义的对峙,这在当时可以说是抓住了中西文明冲突的核心(葛桂录,2014)。狄金森的个性中包含了理想主义,文雅,柔和,他也热衷于浪漫主义,他毕生都痴迷于柏拉图、歌德和雪莱。伦纳德·伍尔夫最好地概括了他的个性,"温和而崇高的单薄幻想,英国文化和政治的观察者,中国文明的投契者"(劳伦斯,2008)。

狄金森对中国文化的大力推介,吸引了许多来英访学的东方学者,特别是他和徐志摩的交往,成为中英文化交流的重要篇章。在他的支持下,"英华社"在剑桥大学建立(Forster,1934)。的确在剑桥,对徐志摩帮助最大的人就是狄金森,是狄金森帮助徐志摩在国王学院获得特别生的资格。徐志摩一直认为,自己一生最大的机缘是遇到狄金森先生,他在给弗莱的信中说,"正是由于他的缘故我才得以来到剑桥度过这些快乐的日子,在那里我对文学和艺术的兴趣开始形成,并将保持到现在,也正是由于他,我才得以认识您——您的宽容和亲切为我开启了一个新的视野,一直激励着我走向宽容、美丽和高贵的思想和情感"。剑桥的罗尔夫·加德纳(Rolf Gardner)曾说,人们常常看到徐志摩和狄金森在他的起居室聊天,狄金森常常在此处接待中国学生。

早在1901年,狄金森发表了《中国人约翰的来信》,他采用第三人称,在信中借用一个旅英的中国官员之口,把中国描绘成一个乌托邦,颠倒了"文明"和"野蛮"的概念。第八封信揭露了"文明"英国的"野蛮"帝国主义行径,并明确指出西方以暴力掠夺中国的资源,强行输入西方的宗教信仰。义和团运动爆发之后,这名中国官员写信严厉谴责了英国对中国的冷酷无情之举,并斥责"根子在你们那儿"。他说,到中国的第一批商人是鸦片商,用鸦片摧残了19世纪中叶的中国人,第二批是基督教传教士,中国人被迫接受了他们的教义。这位官员强调英国长期的"不平等和压迫",在书的结尾他讽刺道,"讽刺之极啊,正是这个基督教的国家以刀剑和炮火给我们上了一课,'正义'二字在这个世界上是多么苍白无力,除非它得到'火力'的支持!……这个民族,在你们到来之前,没有别的想法,最大的愿望就是彼此和谐共处。以基督的名义,你们召来了战争!以孔子的名义,我们应战"(劳伦斯,2008)。狄金森的《中国人约翰的来信》遵循了奥利弗·戈德史密斯的《世界公民》的讽刺传统,另一种文化的介入激发了狄金森的自我批评,他坚信中国文明具有优越性,因为中国人爱好和平。

在来信中,狄金森通过对比中西文明的差异,显示了作者鲜明的反思启蒙现代性倾向和人文主义理念。狄金森中国观的主要内容表现为,在西方话语体系里重塑儒家文明主导的"乌托邦中国",倡导道德价值和伦理。中国人约翰为圣贤原则而自豪,"我们大多数人的生活都秩序井然……任何社会都应该视之为立身之本的两大重要理念:兄弟友爱与劳动光荣"(狄更生,2008)。约翰也为儒家学说辩护"它却使中国在世界历史上成为这么一个国家:真正地憎恶暴力,崇尚理性与正义"(狄更生,2008)。在第三封信中,他用宝塔、小桥、瀑布、劳作的农人、晨钟暮鼓等勾勒出传统中国人与自然和谐的生机勃勃的田园牧歌式美景,"外界的自然美景润物无声,陶冶人的性情,使其不知不觉中与自然无间"(狄更生,2008)。东方人有礼仪、有艺术、有道德,这一切基于被自然所培育的美感。

狄金森在《中国人约翰的来信》中塑造的"中国人"形象打破了西方18世纪末马噶尔尼使团出访中国以来对中国人的负面形象,显得聪明、富有才华又彬彬有礼。在西方集中描述"黄祸"、义和团与唐人街恐怖传说之时,他却清楚地批判了西方文明的弊端,控诉了西方帝国主义和殖民主义,表达了对中国文明的深切热爱,体现出优异的历史洞见和人文情怀。狄金森"能以中国思想的智慧,针砭西方的野蛮,不得不说狄金森有了现代文化批判精神,而且对非西方民族,有一种眼光长远的尊敬"(赵毅衡,2013b)。然而,狄金森的中国文明观形成于西方文明反省的需要,他对中国文化的理解多半是西方本位的"他者"想象,从而对中国进行了浪漫化、理想化的想象与阐释(杨莉馨、白薇臻,2022)。

狄金森在1910—1911年和1913—1914年曾两次游历中国。他在写给罗杰·弗莱的信中,描绘了他在北京西山的庙宇里看到的不寻常景象,"我的感觉是如此亲切,我相信我一定曾经是个中国人。……一种未尝有过的无比崇高、宁静致远的生活",他感叹"他们是多么文明的一个民族啊",北京在他眼里实在是很奇妙。E. M. 福斯特总结说,"他走向她(中国),仿佛走向情人,多年来他一直都远远地顶礼膜拜……中国从来没有让他失望,她高贵的文明总是坚毅地矗立着"(劳伦斯,2008)。

徐志摩和弗莱的友谊也是狄金森促成的,弗莱是布鲁姆斯伯里文化圈的重要成员,爱好中国艺术。弗莱曾与徐志摩讨论中国的青铜艺术,徐志摩按照其姓氏的发音给他起了中文名"傅来义"。后来徐志摩承认在西方艺术方面接受了弗莱"启迪性的影响",弗莱对徐志摩的影响主要表现在西洋艺术方面,"徐志摩回国后宣扬西欧当时的新派画家塞尚、马蒂斯及毕加索等人,这完全是傅来义接受过来的衣钵"(梁锡华,1982)。他认为后印象派绘画是"一些新鲜的精神的流露,一些高贵的生命的菁华"。弗莱曾送两幅素描给徐志摩,都发表在《新月》刊物上。徐志摩多次邀请弗莱来华,虽未成行,但煞费心思。徐志摩在清华大学发表题为《艺术与人生》的英文演讲,与弗莱的《视觉与构图》类似。林徽因在回忆徐志摩的文字中明确"文人喜画常是受了别人论文的影响,他,就受了法兰(Roger Fry)和斐德(Walter Pater)的不少影响"(陈学勇,2005)。徐志摩三访英国时,在伦敦见到老朋友弗莱,他后来到剑桥时写信给弗莱,"我在念的《到灯塔去》,这真是精彩之至的作品"(林漓,2000)。他恳请弗莱带他去见美艳明敏的女作家伍尔夫,"找机会在她宝座前焚香顶礼",这样在离开英国时能带着点点滴滴难忘的记忆。很可惜,徐志摩和伍尔夫这两个"新月"和"布鲁姆斯伯里"的精神领袖无缘相见,在历史中擦肩而过。

徐志摩在剑桥的丰富经历,使他逐渐走进布鲁姆斯伯里文化圈,成为最早接触该文化圈的中国人。徐志摩也颇受布鲁姆斯伯里的欢迎,大卫·加尼特(David Garnett)说,"他到这儿来过一次,并彻底赢得了我们的心。和罗杰等在一起"。瑞恰慈曾在国王学院任教,后来成为颇有名气的文学批评家,他于1929—1930年到清华大学担任访问教授。他还记得徐志摩当年在剑桥,经常手持中国书画手卷,跟老师同学们侃侃而谈,朋友满剑桥,特别是在国王学院,成了一个相当有名气的人物。

汉学家、翻译家韦利对中国古代文学比较了解,而文学对现代中国的知识分子的作用,他是从徐志摩身上学到的,在1940年他曾撰文指出,"徐志摩是中国在战后给我们知识界的一项影响",徐志摩对中英文化关系走向"一个伟大的转折点"做出了巨大贡献却没有受到重视,这是英国知识界欠"中国的一笔债务"(梁锡华,1982)。徐志摩在同韦利的书信中写道,"我想写一篇文章,论述你这本翻译中文诗以及介绍我国艺术的煌煌新著"(赵毅衡,2013b)。作为著名的汉学家,韦利是第一个认识和欣赏徐志摩才华的西方学者,他认为徐志摩是文化交流的"大使",对于促进中英文化交流做出了自己的贡献。

第二节 "从罗素"——徐志摩的剑桥交游

徐志摩从美国转到英国留学的确是为了"从罗素",罗素在布鲁姆斯伯里文化圈中对徐志摩影响最大。"从罗素"是徐志摩自己坦承的漂洋过海去英国的文化动因,他把罗素称为"中国人的知己"。在《我所知道的康桥》里,徐志摩明确了自己之所以放弃即将到手的哥伦比亚博士头衔,是要去跟这位20世纪的福禄泰尔(伏尔泰)认真念书。赵毅衡在《伦敦浪了起来》中提出了"从拉斯基"的"另一说","他与金岳霖、张奚若在纽约听到拉斯基演讲,大为倾倒,三人联袂来英,学习英国的社会主义政治理论"(刘洪涛,2011)。为慎重起见,赵毅衡将"从罗素"和"从拉斯基"两种观点并存起来。1920年9月,徐志摩到英国时,恰逢罗素到中国开展10个月的学术旅行。罗素1921年10月返英后,徐志摩写给罗素的七封信成为考察两人交往的基本材料。

徐志摩给罗素写第一封信的时间是1921年10月18日。徐志摩在这封短简中,向罗素表达了自己的景仰之情以及拜访的愿望,还提到渴望读到罗素新婚妻子朵拉(Dora Black)发表在美国《新共和》杂志上的一篇有关中国的"大作"。朵拉在《美国的中国政策》一文中,批评了美国政府虚伪的中国政策,同时向中国表达了"最崇高的尊敬和最真挚的爱"。她郑重声明:"他们的古老文明与欧洲和美国文明是平等的,而正在发展的新中国文明,可以设想将比我们和你们的都优越。"徐志摩1921年12月6日给罗素的信,是促请罗素夫妇出席1921年12月10日中国旅英华人协会专为他们举办的一次聚会。徐志摩发动中国留学生为罗素夫妇摆喜酒,按中国人的习俗吃红鸡蛋和寿面,并给他们新出世的儿子约翰提前做满月酒。

徐志摩写于1922年1月22日的信是关于剑桥大学邪学社(Heretics Society)邀请罗素夫妇演讲的事情。邪学社成立于1909年,是剑桥大学的一个学术思想组织,徐志摩在剑桥的好友奥格顿(C. Ogden)是这个学会的主席,所以徐志摩经常参加其活动。罗素夫妇这次演讲于1922年3月5日举行。保存在罗素档案馆的一份日程表显示,罗素夫妇当天演讲的主题是"工业主义与宗教"。罗素主讲的具体题目是"传统宗教",朵拉主讲的题目是"工业信条"。

徐志摩在1921年11月7日给罗素的信主要讨论《世界哲学丛书》拟出版的一本介绍中国哲学思想的书的作者人选问题。这套丛书的完整名称是"心理学、哲学与科学方法国际文库",由奥格顿主持编辑,罗素是这套丛书重要的学术顾问。罗素不久前才从中国访问归来,了解中国哲学界情况,所以推荐了胡适的《中国哲学史大纲》。徐志摩是梁启超的入室弟子,建议由梁启超写一本"有关中国思想的书"。他在信中介绍说,"(梁启超)是中国最渊博学者中之一,也很可能是具有最雄健流畅文笔的作家。他在解放中国思想以及介绍普及西学方面所做的不懈努力,值得我们万分钦仰。他在学问上吸收与区别的能力是别人永不能望其肩背的"(徐志摩,2005)。

罗素在中西文化交流上确实做出了很大的贡献,他的《中国问题》可以看出他对中国的了解和对中华文化的热爱。这种对中国传统文化的认识,其出发点是试图以异质文化救治陷入危机中的西方文明。罗素从三个方面借中国批判了西方的启蒙现代性造成的弊端。一是反转了"西方中心主义"对中国的偏见和贬低,认为中国与西方是平等的,不应受到其剥削与侵略;二是赞扬中国人爱好和平,富有忍耐力和包容力的性格特征,以此来对照陷入战乱和屠杀的西方世界;三是提出人与自然和谐共处,注重内省、洒脱、冲淡的"中国的人生观",表达自己对"社会进化论"的质疑,并主张用中国的精神文明对抗西方的物质文明(杨莉馨、白薇臻,2022)。与罗素的观点类似,狄金森将中国看作仍未受到工业化、工具理性所污染的东方乌托邦,是用来反省西方文化问题的他者,也寄托了西方人对前工业化时代的怀旧心态。中国问题的悖论在于,狄金森又承认东方在生活体系方面以及这一体系所依赖的各种智力成就方面落后于西方(狄更生,2008)。他也由此主张中国学习西方先进的经验或良方。

罗素(1996)把中国人的观念分为儒家和道家两种哲学思想的交替影响:他认为儒家以"孝道和族权"为核心的家族观念会"有碍公共精神的发展",而中庸之道与繁文缛节会窒息中国人的精神自由。同时,他对道家学说倾心赞扬,是老庄思想让中国人的人生比西方人的人生更加淡定、文雅、包容、洒脱以及内省(丁子江,2015)。罗素是以道家哲学启示下的中国人生观"能够用来平衡西方文化中激进与野蛮的作风"(丁子江,2015)。在《中国问题》中,他对科学技术和工业文明进行了不遗余力的批判,"中国的知识分子所真正面临的问题是学习西方人的知识而不要染上西方人机械的人生观"(罗素,1996)。他也批判西方对"进步"狂热的追逐。冯崇义(1994)在其著作《罗素与中国》中写道:"现代中国那黄金般的'五四时期',既相当于十五世纪意大利的'文艺复兴',也相当于十八世纪法国的'启蒙运动'……就在那千载难逢的一瞬间,古今中外各种思潮如百川归海般奔腾咆哮,人们的思想文化像风驰电掣般突飞猛进。"中国知识界当时的主流倾向却是向西方文明学习、改造中国传统文化。中西方在对中国传统文化的态度上是很少有交叉点的。罗素针对启蒙现代性的弊端因为时间的错位很难让中国人感同身受。尽管如此,当代学者杨莉馨和白薇臻肯定罗素中国观的重要历史意义:他对启蒙现代性的弊端有着深刻体悟,由此倡导东方文化的精神文明,批判西方的物质文明,反对盲目全盘西化的主张,从而与新文化运动的激进主义保持了一种动态平衡和相互制约(杨莉馨、白薇臻,2022)。

徐志摩回国后,罗素的新书《中国问题》出版时,他寄了一本给徐志摩,并请徐志摩把该书介绍给中国读者。基于此,徐志摩在1922年12月3日《晨报副刊》上刊出《罗素与中国——读罗素著〈中国问题〉》的文章,他说罗素为颂美中国几乎消尽口液,他的门槛也几乎为中国学生踏穿,"他说中国虽遭天灾人患,其实人民生活之快乐直非欧洲人所能想象。他说中国的青年是全世界意志最勇猛,解放最彻底,前途最无限的青年;他确信中国文艺复兴不久就有大成功"。徐志摩在这篇文章中介绍了罗素对中国的友好热情态度,也指出了罗素对中国文化理解的偏差,"并莫有十分明了中国文化及生活何以会形成现在这个样子"。徐志摩显然更重视罗素在《中国问题》一书中对当代中国所面临的问题的批评和警醒。罗素告诫中国要警惕西化的倾向,要警惕基督教的力量,要警惕欧美日强权的干涉。最后他道出了罗素对中国的殷切期望,"现代我国正当文艺复兴,我们知道罗素先生正在伸长了头颈,盼望我们新青年的潮流中,涌现出无量数的理想人格,来创造新中华的文明"。徐志摩还指出罗素希望并相信中国会在百年间吸收他们所需的外来元素,造成一个兼具东西文明美质的好东西。也就是说,罗素希望中国人民吸收西方先进的科学文明,又要继承中国优秀的文化传统,由此实现东西文化的完美结合。

1923年8月罗素在《日曼》第1期上刊登了《余暇与机械主义》一文。罗素此文的重点是批判近代工业文明。罗素认为工业文明追求效率、鼓励竞争、崇尚成功,导致现代人日益机械化,这与人的本质是背道而驰的;人类只有摆脱工业文明强加的束缚,恢复生命的自然与乐趣,才能获得真正的解放。罗素在文章中还开列了四个对抗机械主义的药方:生命的乐趣、友谊的情感、爱美与欣赏艺术的能力、爱纯粹的学问与知识。徐志摩赞同罗素的意见,并指出:合理的人生与工业文明的机械主义是不能并存的,除非转变机械主义的倾向,否则人生很难有希望。罗素认为生活在大工业时代的西方人只知道奋斗、竞争、破坏,虽然物质文明有了高度的发展,精神却陷入危机之中。罗素把中国传统文化作为西方工业文明的对立面,作为一种理想的人生状态提了出来。徐志摩读后当即写了《罗素又来说话了》一文,称赞此文是"智力的闪电",让我们看到了这闪电的"迅与光与劲"。徐志摩(1993)把罗素的思想做了总结:现有的工业主义,机械主义,竞争制度,与这些现象所造成的迷信心理与习惯,都是我们理想社会的仇敌,合理人生的障碍。

1925年徐志摩第二次旅欧时重见罗素,写下《罗素与幼稚教育》,他以罗素对自己的两个孩子的教育方式为依据,讨论了中国教育所陷入的危机以及出路。儿童教育的使命,就是要顺应孩子的天性,让孩子身心健康地成长。他指出,中国传统的生养观以生儿子为第一要义,对孩子的期望是他们将来有出息,能做官发财,挣取功名利禄。父母对孩子的爱主要是为了传种,完全不考虑孩子本身的利益。徐志摩认为中国人的这种教育观,使儿童少年老成,未老先衰。他大声呼吁:"我们的革新的工作得从根底做起;一切的价值得重新估定,生活的基本观念得重新确定,一切教育的方针得按照前者重新筹划——否则我们的民族就没有更新的希望"(徐志摩,2020)。

1928年,徐志摩第三次去英国旅行,这是他最后一次见到罗素。他在给泰戈尔的英国秘书恩厚之(Leonard Knight Elmhirst)的信中记录了这一次见面,"由于我只能逗留一夜,所以我们珍惜一分一秒见面的时间。我们对坐长谈,近凌晨两点,几乎还不自觉"(刘介民,2003)。

罗素的康沃尔郡海边别墅房后走廊上有三根柱子被漆成黄色,就是为了纪念中国。花园里还建了一个中国式的凉亭,请徐志摩题了一块匾,上书"听风"两个汉字。

第三节 "新月下的夜莺"——徐志摩的翻译和创作

1921年,徐志摩在剑桥大学国王学院作为特别生学习期间,他与狄金森、罗素、弗莱等布鲁姆斯伯里成员结为好友。1928年,徐志摩得到资助,重回欧洲游览,特别是回到剑桥故地重游,成就一首中国现代诗歌名篇《再别康桥》。正是剑桥把徐志摩培养成一名著名的现代诗人,也令他成为中英现代文化交流的重要使者。回国后,徐志摩顺理成章地成为新月派知识分子群体的"灵魂"人物。成立于1923年的新月社以文艺沙龙为形式,人们先后在徐志摩家、闻一多家、林徽因家聚会，后来也出杂志，办书店。由此，徐志摩开始了一系列的文学翻译和创作。

徐志摩翻译拜伦和雪莱，与他们"神交"已久，产生强烈的艺术冲动。拜伦和雪莱不为英国上流社会所容，他们揭露人间的不平，也抒发爱情中的孤独和忧郁，失望和悲凉，都和徐志摩产生共鸣。徐志摩翻译了拜伦最具反叛意味的《唐璜》篇章，并创作出富有拜伦意味的诗《为要寻一颗明星》。诗人骑着一匹拐脚瞎马，冲入黑绵绵的荒野，走过倒伏的牲口和尸首，去寻找美与信仰，或者爱情与理想。韦利在回忆徐志摩时，说徐志摩"虽然崇拜拜伦，但为人并没有多少拜伦作风，比如缺乏拜伦的愤世嫉俗"（赵毅衡，2002）。同雪莱一样，徐志摩也以他"单纯的信仰"和一颗赤子之心，把高尚的爱情同理想的追求结合起来。刘介民注意到徐志摩的诗在意象的选择上，常常模仿雪莱。如：《夜半松风》中的"风"，《云游》中的"云"，《威尼市》与《致尼罗河》中的"水"，《秋月呀》与《致一颗星》中的"光"。特别是在《云游》中，优美的想象和意境的空灵都留有雪莱的影子，那种对人生的理解和生命的把握，透露出希望和信仰。在《夜》中，徐志摩甚至借用了雪莱大气磅礴的"西风"意象。徐志摩最欣赏雪莱诗歌的美妙的意境和对爱情的含蓄表达，其《偶然》同样兼具情趣和哲理，同时余味无穷，情有独钟。

徐志摩和济慈是中国与英国诗坛上异代不同的浪漫主义诗人。他们都智慧早熟，感觉敏锐，想象力丰富，文字精心锤炼，意象和意境奇异瑰丽。他们的诗都凸显对社会现实的不满和苦闷忧郁之情，对美好的理想境界的向往和追求。徐志摩在《济慈的夜莺歌》中称颂济慈是最完美的诗人，"济慈咏《忧郁》时他自己就变成了忧郁本体"，描述了想象在诗歌创作中的特点与作用，和庄子《蝴蝶梦》中表现的心象重合的境界、想象力和"最纯粹的境界"相似。徐志摩对死亡的吟咏往往与爱相连，这也和济慈的生死观相近。济慈在《恩狄芒》中说，"美好事物永远是一种欢乐，它绝不会化为乌有"。徐志摩在《希望的埋葬》中以"美是人间不死的光芒"相呼应。在《爱的灵感》中，徐志摩借用了济慈《夜莺颂》的诗意，把死亡作为一种超越保留在他的诗中，"把我平静的呼吸携入空中"，通过一个垂死姑娘之口说出一个信念，爱情能使人类生活变得崇高。女子不是在夜莺歌声这种幸福的狂喜中得到解脱，进入静谧的死亡，而是爱情使她看到了永恒并得以解脱。由此，徐志摩被称为"新月下的夜莺"。

刘介民（2003）认为徐志摩把翻译看作一种文化交流、沟通的中介行为，是一种自觉不自觉的比较文学研究。徐志摩的个性化翻译，有如下三个特色：一是文字通畅优美，且多风趣，同时还表现在用极其自然、娴熟的译语去表达原著的内容，但在深处却存在着一个译语文化"吞并"原著文化的问题。二是在描述对象时，常有中西文化比较的背景。三是在介绍和叙述西方人的风俗、习惯和生活方式时，有肯定也有批评，经常是夹叙夹议。赵毅衡（1985）说："徐志摩从奇异但优美的原诗直译，能使我们的语言受到震动而获得新的美。"中国的新诗运动正是在这类译诗的影响下发生的。

学者们一般认为，徐志摩是把伍尔夫介绍给中国的第一人，也是中国评价伍尔夫的第一人。在他1923年写的《曼殊斐尔》中，中国读者第一次见到弗吉尼亚·伍尔夫这个名字。1928年12月17日，徐志摩应陈淑女士之邀，去苏州女子中学做了一场《关于女子》的演讲，后来发表在1929年10月《新月》月刊第2卷第8号。他通过"关于女子的杂话"尝试了追踪"我自己的意识的一个片段"，"我的意识的流动，就那个我也没有支配的力量。就比是隔着雨雾望远山的景物，你只能辨认一个大概。也不知是哪里来的光照亮了我意识的一角，给我一个辨认的机会，我的困难是在想用粗笨的语言来传达原来那极微纤的印象，像是想用粗笨的织针来描绘细致的图案"（王锦泉，1985）。这里，徐志摩谈论了对"意识流"的认识。在这个演讲中，徐志摩三次提到伍尔夫。首先，他说起自己看到一篇文章，英国名小说家说妇女们要想当作家至少要满足两个条件，"一是她得有自己的一间屋子，这样她随时有关上或锁上的自由；二是她得有五百一年的进益"（王锦泉，1985）。其次，他引用伍尔夫对简·奥斯汀（Jane Austen）的评价，她是一位在家养老的姑娘，每年也没有多少固定的收入，看过有限的几本书，"每天就在一间永远不得清静的公共起居间里装作写信似的起草她的不朽的作品"（王锦泉，1985）。最后，他才亮出伍尔夫的名字"近时如曼殊斐尔、薇金娜·吴尔夫等都是卓然成为文学史上增加光彩的作者"(王锦泉，1985)。

值得一提的是，徐志摩在演讲中引用伍尔夫《一间自己的房间》的观点时，距离伍尔夫本人在剑桥发表演讲的时间只有一个多月的间隔。徐志摩非常敏锐又及时地关注到伍尔夫作品中的女权主义思想，并在自己的演讲中呼吁女生要做一个新女子，充分发展自己的天赋，实现自己的个性，志在与男子共同继承生产人类全部的文化产业(王锦泉，1985)。继徐志摩后也曾在剑桥大学学习西方文化的邵洵美也高度推崇伍尔夫的《一间自己的房间》，"是一部圣经"(《感伤的旅行》，《万象》1934年第1期)，同时在他的《一个方式》一文中，对伍尔夫的"雌雄同体"观点进行转述，"一个真正的文学家，他的思想必具有男女两性。那便是说，假使他是男的，他应该有些女气 man-womanly，假使她是女的，她应该有些男气 woman-manly"(《人言周刊》，1934年第12期)。宋韵声认为这一演讲在中英文学关系史上，是值得大书特书的，徐志摩的慧眼独具显得难能可贵。

1929年5月，徐志摩在为自己的小说集《轮盘》所写的"自序"中，又一次提到伍尔夫，"我念过胡尔弗夫人，我拜倒"(林漓，2000)。他在自己的小说创作中已在有意模仿伍尔夫式的意识流小说。同样是新月派的卞之琳则认为，徐志摩是中国现代小说家中自觉引入意识流手法的第一人。

徐志摩在1922年7月，与曼斯菲尔德有过"不死的二十分钟"会晤，她的仙姿灵态，美好的内心世界，都给徐志摩留下极为深刻的印象。曼斯菲尔德病逝以后，徐志摩写了《曼殊斐儿》一文和《哀曼殊斐儿》一诗，他翻译了曼斯菲尔德的小说，编成《曼殊斐儿小说集》，1927年由上海新月书店出版。他评论道："她的小说是纯粹的文学，真的意思……她只想留下几小块'时灰'掩不暗的真品，只要得少数知音者的赞赏。"(徐志摩，1983)徐志摩在纪念曼斯菲尔德的文章中说，美是人生最可珍的产业，是进入天堂的密钥。徐志摩的《轮盘》心理描写十分丰富。这种通过心理的真实来体现生活的真实的创作手法，是借鉴了曼斯菲尔德的小说《幸福》。他同样给自己定下了与曼斯菲尔德同样的艺术准则，曲高和寡，争创一流。徐志摩一方面受唯美主义的影响，一方面受曼斯菲尔德纯艺

第二章

术思想的熏陶,走了一条追求完美艺术境界的道路。他的后期作品艺术形式更加精美,注重微妙的内心感受和情绪的抒发(徐志摩,1983)。

徐志摩在 1925 年第二次去英国时,由狄金森的信件引荐,于 7 月特意去多赛特乡下拜谒了哈代。这一会见过程被详细记录在《谒见哈代的一个下午》一文中,发表在《新月》1928 年 3 月第 1 卷第 1 期中。徐志摩是中国诗人中唯一见过哈代的人,其时哈代已有 85 岁高龄,见到本尊的第一印象是一个矮极了的老头。哈代问起徐志摩如何译他的诗,说中文难极了,问徐志摩中国诗用不用韵。他们之间共同的朋友狄金森,在哈代眼中,真是中国的朋友。说起曼斯菲尔德的丈夫默里(John Middleton Murry),哈代起劲起来。在曼斯菲尔德死后,默里很悲伤,他办他的报。有一天一位女士投稿几首诗,默里觉得有意思,写信让她去看他,两人说投机了,就结了婚,现在大概也不悲伤了。临别,哈代在花园里采了两朵花给徐志摩作为纪念。

在所有英国作家中,徐志摩对哈代的研究最深入。他在 1924 年就发表《汤麦士·哈代的诗》一文,1926 年写了《厌世的哈代》,1928 年哈代病逝后,徐志摩连写了四篇纪念文章:《汤麦士·哈代》《谒见哈代的一个下午》《哈代的著作略述》《哈代的悲观》,又写了一首名为《哈代》的诗,并翻译了哈代诗歌多达 18 首,对其诗歌理解透彻。在《汤麦士·哈代》一文中,徐志摩把哈代的诗与华兹华斯的诗进行比较,认为两位诗人都是自然的歌者,认为人生是有灵性的大自然的重要组成部分,自然能够折射出心灵生活,自然与人的情感相应和(宋韵声,2015)。徐志摩认为,哈代并没有刻意要去当一个悲观主义者,如哈代在诗中所写,"首先要料到最坏的境况,才会找到前进的坦途"。哈代悲观的意义在于他深刻表达了"一个人生实在的探险者的疑问"。徐志摩进一步认为,哈代发现了人生的不满足,他不断地要猜透人生的谜底,暴露灵魂的隐秘与短处。徐志摩提醒读者要去领悟哈代的创造精神,领悟他扩张艺术的境界与丰富人类经验的信息。他的《灰色的人生》和哈代的《给人生》都描绘了文学与人生的关系,如他所说,"人生是苦的",是一首灰色人生的合唱,以回应哈代"人生带着个凄凉的面孔"。

五四以来中英文化圈对话与互鉴研究

徐志摩远没有哈代那么悲观,他从哈代对于悲观人生的超越中领悟到"爱真诚,爱慈悲"的绅士心性,其《哈代》一诗传达了绅士化的精神内涵,"这不是完全放弃希冀/宇宙还得往下延/但如果前途还有生机/思想先不能随便"。无论是体现到多沉重的悲观,都须用生命的感悟和理性的精神支撑起自己的灵魂,使得希望之光永不熄灭,生命的热忱永不消歇(朱寿桐,1995)。《在哀克刹脱教堂前》写于1925年7月徐志摩拜见哈代五小时之后,他在参观哀克刹脱教堂后诗兴大发。他描绘见到的一棵老树,歪扭多瘤,落叶纷纷,早已看厌这"半悲惨的趣剧"。这就是哈代,是百余年人世沧桑的见证人(刘介民,2003)。而哈代在自己的诗《十一月的黄昏》中,也曾用树的形象比喻岁月流逝。徐志摩受到哈代的启发,进而在形象构思上也留下了哈代的印记。

梁锡华坚定地认为徐志摩在新文学史占一席位是无可置疑的。梁实秋(1991)与其观点近似,并进一步认为徐志摩的作品经过五十年的淘汰考验,也成了不可否认的传世之作。他认为志摩的诗受胡适影响较大,力求以白话为诗,还有一部分根本就是英诗中译(梁实秋,1991)。严格来说,徐志摩并不是一个完全独创的诗人,他的各种观念思想的外来踪迹都清晰可见。他的可贵之处是大胆地将西方文化、西方诗艺引入封闭已久的中国,使中国文学具有世界性因素。他把中国传统文化和白话语言有机地融合起来,使五四以后的新诗体得以蓬勃发展,为中西文化交流和中国新诗奠定了基础。由此,奠定了他在中西文化交流史上的地位(刘介民,2003)。

徐志摩的剑桥交游,以及回国后的翻译、创作实践,使他顺理成章地进入了剑桥文学史。格莱厄姆·切尼(Graham Cheney)的《剑桥文学史》有如下论述:

> 通过狄更生(即狄金森),中国诗人徐志摩于1921—1922年进入王家学院学习,并被介绍给布鲁姆斯伯里文化圈。与此同时,徐志摩对雪莱产生了兴趣,开始相信灵魂不断进取猎奇是人生的最高理想。……后来他回忆说,只有1922年春天,"我的生活是自然的,是真愉快的!"徐志摩后来成为最先创作中国"现代诗歌"的诗人之一。他的两首名诗和一篇散文是关于剑桥的。

他的诗文使剑桥城在中国人的情感中占有独特的位置。徐志摩还把他的中国帽送给了狄更生(刘洪涛,2011)。

赵毅衡也评述说徐志摩是"剑桥神话的创造者",徐志摩在剑桥展现出非凡的交际能力,使他成为中英现代文化交流的重要使者,由此进入了剑桥史册。2008年,剑桥大学国王学院在康河河畔放置徐志摩纪念石,其上刻有《再别康桥》一诗的首尾各两行,意味着剑桥大学对徐志摩于世界文学的贡献,以及对他剑桥校史上地位的肯定。

小 结

徐志摩以其浑然天成的社交才能谱写了中外交流史上的佳话,如赵毅衡所言,"徐志摩是20世纪上半期最适应寓居西方的中国文人"(赵毅衡,2013b)。现代中国文人,在西洋活得如鱼得水的,徐志摩恐怕是一枝独秀。不难发现,徐志摩所深交的外国名人和朋友,如罗素、狄金森、弗莱、哈代、泰戈尔等都具有很深的中国情结,以前人们误以为徐志摩留学之后完全被西方文明所同化,而忽略了徐志摩和外国朋友之间在东西文明互鉴互融中所达到的灵魂默契(王正,2018)。帕特丽卡·劳伦斯同样指出,狄金森和徐志摩在剑桥相遇相知,中国的气息留在了剑桥导师狄金森头顶上的中国帽子里,而英国绅士形象投射在徐志摩的西裤上。这些文化标记,反映了某种文化认同,从某种程度上也标志着"心灵的交流",或是狄金森和徐志摩常用的"文化的心灵"(劳伦斯,2008)。徐志摩劝诫人们"培养自我意识以及我们天性中的自然资源",并督促要建立一个"主观世界",同时他道出了罗素对中国的期望,"现代我国正当文艺复兴,我们知道罗素先生正在伸长了头颈,盼望着我们新青年的潮流中,涌现出无量数的理想人格,来创造新中华的文明"(刘洪涛,2006)。

徐志摩一方面"援西入中",其创作、翻译、研究和教学体现出丰富的中西文化背景上诗意与哲思的融汇汲取;另一方面他以"国家性媒介人"的重要角色加速了"中学西渐",为西方认识和了解中国文化提供了一个重要的窗口。通过徐志摩在中西文化间的个案研究,刘介民得出和陈思和一样的结论,"世界性因素"正是21世纪中国文学的主要特点(陈思和,2001)。中国文学和世界的关系,不可能仅仅是被动接受的关系,它也是世界体系的一个单元,有自己的独特的审美意识。中国文学以自身的独特面貌加入世界文学行列,并丰富了世界文学的内容(刘介民,2003)。

徐志摩成为"布鲁姆斯伯里的重要纽带",他的可贵之处是大胆地将英国现代文学、西方艺术、教育思想引入封闭已久的中国,又使英国的文化界多层面地了解中国。他把中国传统文化和白话语言有机地融合起来,使五四以后的新诗体得以蓬勃发展,为中西文化交流和中国新诗奠定了基础。由此,奠定了他在中西文化交流史上的地位(刘介民,2003)。

第三章

翰墨因缘:凌叔华和伍尔夫的现代主义对话

从一开始,20 世纪上半叶的中英现代主义对话就表现为两个文化团体的交流,在文学、艺术、哲学多个层面的深入互动。朱利安到武汉大学来教授英国文学,他与凌叔华和叶君健形成个人情感和文学思想的网络,并把他们积极推荐给英国的布鲁姆斯伯里主要成员。凌叔华和叶君健也不负期望,与英国文化圈成员主动联系,用英文创作、讲述中国故事,成为连接中西方世界的跨文化桥梁。

凌叔华和伍尔夫在战争时期有书信往来,她得到伍尔夫直接的写作指导,其成果英文版《古韵》最终由霍加斯出版社出版。她们共同关注个人写作和女性问题,并对自传体文学形式进行跨文化翻译,在动荡时代的国家话语之外拓展了个性空间。

第一节　朱利安-凌叔华-叶君健文学网络

1. 朱利安与凌叔华

1935—1937 年,伍尔夫的外甥、布鲁姆斯伯里圈的第二代成员朱利安被武汉大学特聘为英文教授,来到中国后,带去了该文化圈的审美情趣和伦理道德观。他不满中国人欣然接受多愁善感的浪漫主义,于是他把英国现代主义和文学批评带到武汉。他在武汉大学给学生讲授三门课,有"英语写作""莎士比亚",还有每星期一次关于"英国现代主义作家"的讲座,他特别指定伍尔夫的《到灯塔去》作为武汉大学学生的教材。

1935 年 10 月朱利安到达武汉后,通过和文学院院长陈源一家的接触,他很快就找到了在英国布鲁姆斯伯里的感觉,"我的邻居陈源一家就像是光明的天使。这里还有'布鲁姆斯伯里剑桥'的外围文化。陈源是戈迪的朋友,他们二人又都认识徐志摩——对布鲁姆斯伯里意义重大的穿针引线式的人物。整个环境和氛围酷似在家的时候"(劳伦斯,2008)。

天使般友善的邻居,主要是凌叔华给朱利安提供了很多帮助,比如陪朱利

五四以来中英文化圈对话与互鉴研究

安为他的新家挑选家具、窗帘等，还不时地远征汉口二手市场选鉴古董，常常会有"激情交谈"，主要是美学和绘画。朱利安在10月23日给母亲瓦妮莎的信中称赞叔华"没有人像她这样真挚、体贴、美好、友善、幽默"。此后凌叔华不断被提及，朱利安也越来越快乐，在11月30日给简(Jane Simm Boosey)的信中说，"我能和他们自由地交谈……她是画家和作家，也是我所知道的最为迷人最使人愉悦的人之一"。

1935年11月15日，朱利安给伍尔夫写信，"听说一位中国著名的女作家，我的系主任夫人，非常推崇你的作品，你会很高兴吧？……她告诉我北平也有一个中国的布鲁姆斯伯里，就我目前来看，的确很像伦敦那个圈子"(Bell, 1938)。朱利安和凌叔华很快陷入微妙的情感纠葛，朱利安写信给朋友埃迪·普雷菲尔(Eddie Playfair)，"她和弗吉尼亚一样敏感，很聪明，与我所认识的任何人一样好甚至更好……她称得上是中国的布鲁姆斯伯里成员"(劳伦斯，2008)。朱利安和凌叔华之间的关系激发了彼此的文学情愫，他们合作将她的短篇小说译成英文，他在给好友普雷菲尔的回信中，描述了他和凌叔华合作翻译的情况，他们每天上午从十点工作到十二点，"我称之为翻译，但是这实在只有在我们俩的这种特殊情形下才可能存在的一项活动。她把自己的汉语译成英语——她的语言易懂，语法严谨。然后我仔细询问她在字面翻译中想要表达的微妙涵义。一旦找到确切的(而非含混的)涵义，我就想出一个英语的句子打出来，其中加进了很多特殊的时态，把简明的词句扩展为各种形象的话语，再用上近似的对应英语习语和手法等等。这样产生的译文令我兴奋不已，我希望别人也这样认为"(劳伦斯，2008)。

来中国三个月后，朱利安写信给瓦妮莎，"我想让英国阅读叔华的作品，她可能会大获成功"(劳伦斯，2008)。一年之后，朱利安欣喜地补充评价，"它们真的非常棒。我在想弗吉尼亚是否会允许中国有这样一个女作家存在"(劳伦斯，2008)。劳伦斯指出他们翻译、编辑的叔华短篇小说至少有三篇：《写信》、《疯了的诗人》和《无聊》。后来刊载在由温源宁主编的上海英文版《天下》(*Tien Hsia*)月刊上。

第三章

朱利安在和凌叔华的交往中,最吸引他的是后者独具中国传统特色的"文人画"。朱利安跟凌叔华学习书法和文人画,而凌叔华去旁听他的英国文学课程,如"莎士比亚""英国现代主义作家"等课程。

恋情开始以后,他们决定同去北京度假,在 1936 年 1 月 18 日的信中,朱利安表达了一种对北京的惊艳和狂喜,"北京是世界上最大的首都之一——完全可以和巴黎相提并论。你能想象还有什么能比熟知一切而又完美迷人的情人带你游逛巴黎更为完美的呢?……我突然感觉自己成熟了,并且对这个世界应付自如"。

在北京时期,凌叔华带着朱利安去拜访齐白石,同行的还有哈罗德·艾克顿。朱利安详细地记录下这一拜访过程,他们穿过弯曲的弄堂,在一个有挂锁的房子前停下来,敲门,直到有人来应答。听到 Sue 的名字后,门房才允许他们进入。然后,他们又穿过庭院中一段弯曲的小径才到达了工作室:是个狭小而整洁的房间,有少许的画,老人有着贤人一样的稀疏长须,瓜皮帽,戴眼镜,很客气地微笑,随后老人给他们展示了他的画作,主要是水墨画,还有一些少量的水彩画。按照六美元一尺的价格,朱利安和艾克顿都买了两幅,老人还送了两幅小画给 Sue,专门题有她的名字。他给瓦妮莎的信中说,"至于这些画,它们大多是表现自由,非常感性的水彩画,也有水墨画……我猜想这些都不是他最高水平的画作,不过它们非常有趣,我想你会喜欢的。等装裱好了我会把那幅尺寸大的寄给你"(Bell,1938)。

朱利安用"white-stone-mountain old man—ChiPai-Chia"来表达,把齐白石描述成一个有长白络腮胡的哲人。他对中国绘画的兴趣不仅仅是画本身,还有中国画家的精神气质和生活方式,甚至提到齐白石的妻妾。有两个女人在观看齐白石作画,艾克顿突然对朱利安耳语,"那个女人看起来很凶恶",最后告辞,老人起身相送,出来后 Sue 告诉他们那个很凶的女人是齐白石老人的小妾,是朋友送的礼物,最近 7 年已经生了 6 个孩子了,而他则有 72 岁了。

朱利安把握住了中西绘画的区别:西方是写实,中国画是诗化的感受。在 1936 年 2 月 13 号写给简·西蒙·布西的信里,他又一次对中国的字画做了阐述:"事实上,看他们的画作给我留下的印象是他们最好的画作是自然主义的诗篇,和大多数欧洲画家理解的一样,对于画不用多做什么。而他们认为最重要的书画,是确实没有什么意义.就像许多他们的努力思索的结果一样。我认为真正起作用的是写诗——他们题在画中的诗,是一种延续性的表达,是人们在赏画的一种感觉的继续"(Bell,1938)。在画上他们通常会题上描述性的诗歌,诗歌中通常包含了画的主题。朱利安道出了中国绘画的精神,其实也就是中国传统审美的"诗中有画,画中有诗"。

朱利安和凌叔华的恋情暴露后,朱利安不得已提出辞职,准备逃离中国。就在这时他对自己的人生有了些把握,他对人生的追求不是文学上的纸上谈兵,而是在政治上有所作为,具体来说就是希望能够参加国际纵队前往西班牙。他力图摆脱成为一个散漫的知识分子,他认为写作以自我为中心,它并非其天职所在,"我想从事一份更实际的,劳累的,能和更多人打交道的工作"(Bell,1938)。昆汀·贝尔评论道,朱利安短暂的一生醉心于政治和战争策略,对此的热情远胜过文学或是爱情,这是他与老一辈布鲁姆斯伯里最大的不同(贝尔,2006)。

朱利安回到伦敦的家中后,给凌叔华写了一封长信,"你应该对你的写作有所安排,你的笔名可叫 Lucy Shu,我很确信我任何一个英国的亲戚朋友都能在你需要的时候提供帮助"(Bell,1938)。

2. 朱利安和叶君健

在武汉大学教课期间,叶君健是朱利安最为欣赏的学生。朱利安曾向伦敦《新作品》(New Writing)杂志主编约翰·莱曼(John Lehmann)推荐叶君健,"如果我有机会,我将把我的一个学生写的东西寄些给你,他是一个真正出色的年轻人。他在不久前出版了一部用世界语写的短篇小说集……他在这个世界上是一个一无所有的人……他本人十分可爱,非常吸引人"(Bell,1938)。朱利安和叶君健师生二人曾经利用暑假一起沿着红军长征的足迹一直考察到打箭炉(康定)。朱利安试图"重新做他的中国革命之梦"(赵毅衡,2002)。后来他们又共同投入了东西方的反法西斯战争。1937年在日本教书的叶君健在"七七事变"后因"抗日危险思想"的罪名而被捕,朱利安牺牲在西班牙战场上。

抗战开始后,叶君健在武汉国民政府军事委员会政治部第三厅从事国际宣传工作,其间他遇到了来华采访战况的英国诗人奥登和衣修伍德,并担任他们的翻译。两位英国作家受两家出版社的委派,撰写"一部有关东方的游记"。他们1937年来到中国,合写了《通向战争之路》(Journey to a War)。在4月22日这篇日记中,作者写到一位叫叶君健(Mr. C. C. Yeh)的害羞的年轻人来拜访,"当贝尔还是武汉大学的教授时,叶曾经是朱利安·贝尔的一个学生"(Auden and Isherwood, 1973)。

奥登和衣修伍德也是布鲁姆斯伯里的常客,他们在中国武昌期间遇到了凌叔华,受凌叔华之托,给弗吉尼亚·伍尔夫万里迢迢带去礼物。在写给凌叔华的信中,弗吉尼亚说"我刚去造访了克里斯托弗·衣修伍德,他交给我你送给我的那只可爱小盒子及其中的两件小礼品"。布鲁姆斯伯里人从奥登和衣修伍德那里获知了许多中国战争和中国友人的消息。

叶君健在重庆中央大学教书期间,一位英国牛津大学教授道兹(E. R. Dodds)邀请他到英国去介绍抗战的经验。1944年叶君健一到伦敦,《新作品》主编约翰·莱曼就为他举行了一个欢迎茶会,这是他和英国的"布派"人士直接接触的开端。瓦妮莎曾邀请叶君健到查尔斯顿庄园小住,伦纳德也专门请他去他的家中住了一阵。叶君健深情地回忆:"我珍视关于贝尔这一家人的记忆。1944年冬天我曾在他们位置在卡尔斯屯的家里度过一个难忘的假期"(叶君健,1983)。在他的笔下,邓肯·格兰特是个含羞的人,而瓦妮莎的话不多,观察力很敏锐,他们的内心是很温存和富有同情心的。克莱夫有时话很多,昆汀是个世故的人,但一开口使用的字眼却是相当尖锐。"这个家里生活的高潮是当大家吃午茶的时候。奈翁纳德(Leonard)和凯恩斯(J. M. Keynes)夫妇常常被请来参与吃茶。他们谈话的范围很广,从世界政治到当时的经济形势,也夹杂着一些不登大雅之堂的社会新闻。"(叶君健,1983)安吉莉卡(Anjelica Bell)要等到他在剑桥住下来以后才见到,她嫁给了大卫·加尼特,一个文学评论家,是《新政治家与民族》周刊的文艺版主编。在剑桥时叶君健就成了他家的座上客,

五四以来中英文化圈对话与互鉴研究

经常在周末骑上40多分钟自行车,去他的村屋拜访,可以不拘行迹地当面畅谈文学问题。"尽管我们之间的年龄相差有三十多岁,也正因为这些因素,我们无形成了'忘年交'。"(叶君健,1992)

在剑桥时,叶君健还随时可以进入约翰·海华德(John Hayward)的家。他担任现代派出版社费边出版社顾问,艾略特的文稿在发表之前,总是由他来审阅,并提出意见。叶君健的中篇小说《冬天狂想曲》在发表之前,也经海华德品评阅,提出文字上的修改意见。海华德后来搬回伦敦切尔西亚区,和艾略特同住。1988年,该出版社出版了叶君健反映中国农民武装革命三部曲英文版,文学的友谊再一次得到续写。海华德搬走之后,E. M. 福斯特搬到剑桥,"就在国王学院传达室后边的一栋房子里。他给了我一个名片,请我到他家吃茶。从那时起我就成了他的一个经常客人"(叶君健,1983)。叶君健认为福斯特的思想真实地反映了资本主义社会发展到"全盛"时代已暴露出潜伏的危机,这引发了知识分子心态的变化,而其作品既表现了人的本质,也揭示出人的异化,他认为福斯特有大师的手笔。

叶君健不时也要去伦敦,总会去拜访阿瑟·韦利。"他从来不谈中国,虽然他的书架上挤满了中文古典作品。我所写的那些关于中国现代生活的长、短篇小说,他一篇也不喜欢。"(叶君健,1983)

此后叶君健满腔热情地担任起了抗日战争宣传使者的角色,配合英政府开辟诺曼底登陆反法西斯第二战场做全民动员;战争结束后,英国政府为表彰其功绩,给了他剑桥大学国王学院欧洲研究员的职务。在此期间,他写了几部反映旧中国人民苦难与斗争生活的作品。第一个短篇小说集《无知的和被遗忘的》于1946年由森林女神出版社出版,引起了评论界的注意,认为题材充满生活气息,表现出中国文化的独特性趣味。《山村》(*Mountain Village*)还被英国书会评为1947年度最佳作品。西方人"第一次真正理解了中国人的某些真挚而诚实的东西"(曹复,1986),该作品被翻译成20余种文字,1948年由英国伦敦 Sylvan & Star 出版社出版了英伦版与欧洲大陆版。第二部长篇小说《雁南飞》也于1948年出版。等到1949年回国时,叶君健已被英国文学界作为一名

第三章

"英国作家"来接受了。

英国作家迈克尔·斯卡梅尔(Michael Scamell)在1981年7月10日的伦敦《泰晤士报文学增刊》上发表了一篇文章,把叶君健称为"'布鲁姆斯伯里'中的一个中国人"。间隔了几十年的通信联系后,1982年,剑桥国王学院以"荣誉讲师"(honorary lecturer)的名义邀请叶君健携夫人返校讲学。在剑桥教授派特里克·韦金逊(Patricia Wilkinson)编写的《一个世纪来王家学院的校友》书中第326页列有三个中国校友的情况:徐志摩、温源宁和叶君健。"1945年,叶君健作为英国文化委员会的奖学金获得者来到王家学院。他在中国曾经是朱利安·贝尔的学生。作为一个人和一个作家,他具有非凡的吸引力。他用英文写作了好几部书——《无知的和被遗忘的》《山村》和《三季及其他故事》。"

重返剑桥,叶君健得知福斯特已于12年前去世,而住在苏塞克斯郡的那一代"布鲁姆斯伯里"的元老,都已作古,第二代只剩下克莱夫·贝尔的第二个儿子——美学教授、雕塑家和陶瓷专家昆汀·贝尔。昆汀邀请叶君健到苏塞克斯郡的老家度了一个周末,谈论了"布鲁姆斯伯里"老一代人的情况。他们在西方学术界并没有过时,特别是在美国仍享有很高的声誉。透过当年的老房子、昆汀夫妇收集整理的文稿,他又与布鲁姆斯伯里圈子再次发生情感和精神交流。叶君健回国后邀请布鲁姆斯伯里第二代人昆汀·贝尔夫妇来华讲学。在1984年他们先后来到武汉大学、北京大学和上海外国语大学开设讲座,昆汀作为《伍尔夫传》的作者,主要讲述伍尔夫的写作。这可能是布鲁姆斯伯里团体和中国学术界之间最后一次直接的文化和文学交流(宋韵声,2015)。叶君健为福斯特引进中国的《印度之行》而撰写的序言里提到了这次双向交流的文化事件,将国内翻译出版福斯特的作品也看作这种交流的深入。

2015年7月,英国剑桥大学国王学院举行了"叶君健与第二次世界大战——一位布鲁姆斯伯里学派的中国君子"专题展,以纪念中国作家叶君健为中英文化交流以及世界反法西斯战争宣传所做出的贡献。剑桥的策展人艾伦·麦克法兰(Allan MacFarland)教授在展序中声称"就全球范围内正在发生的事情而言,叶君健是其中具有象征意义的先驱。他是一座桥梁,从世界最具连续性的古老文明——中国,通向西方世界,也从西方通向中国,同时也是一座横跨中国二十世纪历史最大裂谷的伟大桥梁"。

第二节 伍尔夫和凌叔华的通信

1938年,朱利安在反法西斯战场战死后,正值中国陷入抗日战争的旋涡中,凌叔华在战乱的中国也备感煎熬。朱利安母亲瓦妮莎和凌叔华开始频繁通信,给了后者莫大的安慰和鼓舞。凌叔华在读了伍尔夫的《一间自己的房间》之后,她提笔给伍尔夫写信,由此开始了与这位神往已久的文学大家伍尔夫的直接对话。伍尔夫在回信中建议她"用英文写下你的生活实录",凌叔华于是开始写自传体小说《古韵》。伍尔夫一直在信中鼓励、指导和修改凌叔华的小说写作。史书美(2007)评论凌叔华和伍尔夫之间的通信是一个非常重要的事件。它向我们揭示了有关中国和西方现代性关系的一个新维度。据《丽莉·布瑞斯珂的中国眼睛》一书的作者帕特丽卡·劳伦斯考证,始于1938年的中英两位作家之间的通信,因为伍尔夫自杀离世而停止,《古韵》的写作也因为战争的愈演愈烈而被迫中断。直到1946年,凌叔华终于来到伦敦并与布鲁姆斯伯里文化圈实现了面对面的交往。凌叔华向维塔·萨克维尔·维斯特提起了那些早前与伍尔夫通信期间写作的章节,这位伍尔夫曾经的密友非常惊异,她们联系了伍尔夫的丈夫伦纳德·伍尔夫,找回了当年凌叔华逐章寄给伍尔夫的原稿,并对它们进行了一一的重读与编辑。《古韵》终于在1953年由霍加斯出版社出版。凌叔华将它题赠给两位英国朋友和赞助人伍尔夫和维塔。维塔为书作序"用一个艺术家和诗人的心灵和眼睛,带来了一个被遗忘世界的气息,流露出一种对清心养性和充满闲情逸致的美好生活的向往"。重要的散文家普莱西里(J. B. Priestly)为《古韵》写了书评,他将这本书命名为"年度图书"。哈罗德·艾克敦在1954年1月22日的《泰晤士文学报副刊》评论说"她仿佛在用一支中国毛笔勾勒整个事件:情感表现得恰到好处,没有伤感,没有滔滔不绝的假慈悲"。

伍尔夫前后一共给凌叔华寄去六封信,她的回信带给饱受战乱之苦的凌叔华一份慰藉,"我唯一的劝告——这也是对我自己的劝告——就是:工作……不过,请考虑到这一点,不是仅仅把它当作一种消遣,而是当作一件对别人也大有裨益的工作来做……你可以从我说过的话里看出,我们英国人是多么深深地同情你们,又爱莫能助"(杨静远,1989)。伍尔夫鼓励凌叔华进行文学创作来摆脱困境,"用英文写下你的生活实录",并且说"我常常羡慕你,因为你生活在一个有着古老文明的、广阔荒凉的大地上"(杨静远,1989)。首先从选材上,伍尔夫指导凌叔华可以从自传的角度写,自传这种写作形式在布鲁姆斯伯里团体中很受推崇,尤其在利顿·斯特雷奇的代表传记作品如《维多利亚时代名人传》和《维多利亚女王传》大获成功之后。可以说,斯特雷奇开创了20世纪英国传记文学的新时代。"新月派"成员之一下之琳翻译了《维多利亚女王传》。伍尔夫在1927年首次提出"新传记"(new biography)概念(唐岫敏,2012),改变了传记作家和传主之间的关系,更大程度上倡导了其艺术性和大众性。"他不再是一个记事者,他已然是一位艺术家。"(伍尔芙,2001)伍尔夫的生命写作(life-writing)是一种广义的传记,她自己的三部传记《奥兰多》《弗拉西》《罗杰·弗莱传》扩大了传记的边界,对英国的传记写作形成了重要的影响。瓦妮莎也鼓励凌叔华写自传,向她保证,"英国人很喜欢自传,现在是风行一时"(Bell,1993)。

二十世纪三四十年代,中国文坛出现大量女性自传体小说,除凌叔华的《古韵》外,还有谢冰莹的《一个女兵的自传》、丁玲的《母亲》、萧红的《呼兰河传》、苏青的《结婚十年》等,女作家们通过文学创作,讲述个人成长经历,向世界文学潮流看齐。同时,具有"内在意识"的自传体写作,不仅是她们对于性别枷锁的挣脱,更是对整个人类历史的关怀与思考,尤其是对于现代性、现代战争的反思(陈曦,2008)。她们中有不少采取儿童视角进行自传体小说创作,形成一种特别的文体风格。劳伦斯注意到儿童视角是一种文学策略,多为处于中国写作文化边缘的女性所采用,允许这些天真的观察者说出社会中的不公与腐败,而不必承担完全的政治责任(劳伦斯,2008)。钱理群认为,"四十年代,采用儿童视角的小说创作才真正成为一种带有共性特征的小说史倾向"(林晓霞,2019)。

五四以来中英文化圈对话与互鉴研究

林晓霞观察到凌叔华在《古韵》中采用双重视角,既是儿童的,也是女性的。"儿童的'我'是一个纯真的世界,女性的我是一个复杂的世界"(林晓霞,2019),而双重声音,双重视角的创作,是伍尔夫一贯写作风格的再现。

伍尔夫敦促凌叔华去表现自己熟悉的中国社会,非常强调作品的中国味,用英文不为顾忌自由地写作。由此,《古韵》的原版语言仍保留"非正式的英语文体"。伍尔夫珍视凌叔华写作中的陌生感,"让英国读者既能够理解,又保持陌生"(杨静远,1989)。她对《古韵》写作中陌生化因素的认可,给予凌叔华莫大的激励和支持。整个战争期间,伍尔夫都不断地寄书给凌叔华,她让凌叔华研习18世纪英国作家的写作方式,阅读19世纪简·奥斯汀的作品,以及传记作品司各特(Walter Scott)的《罗布·罗伊》、盖斯凯尔夫人(Elizabeth Gaskell)的《夏洛特·勃朗特传》,伍尔夫认为这些书会让人"感到19世纪女作家们的生活——她们的困难以及她们如何去克服这些困难"(杨静远,1989)。伍尔夫还推荐了查尔斯·兰姆(Charles Lamb)的散文集,她认为兰姆的英文散文写得很好。伍尔夫在来信中表示很欣赏凌叔华的这些作品,"我非常喜欢你写的东西,它们很可爱,很有魅力"(杨静远,1989)。

在通信中,凌叔华将弗吉尼亚尊称为老师。在后者的影响下,凌叔华在其作品中凸显了经过更新的女性主义视角,是对于女性主体长期缺位的中国文学传统的补充和重构。自传体小说《古韵》描述封建一夫多妻制度下女性的悲惨命运,反映出中国封建社会意识下和资产阶级价值观冲突下文化断层中的女性狭窄的生存空间。在《古韵》的旧式大家族中,凌叔华勾勒了丈夫与妻妾之间森严的等级关系。大妈终日吃斋念佛,去世很早;三妈虽有儿子,父亲也没有扶正她的意愿;"我"母亲四妈因为没有儿子,备受轻视和排挤;五妈最是受宠,也不能阻挡老爷的纳妾行为,眼中总是难过的泪水。三妈和六妈之间的吵架让整个家都鸡飞狗跳,三妈抱怨六妈整天缠着老爷,不让他到别的房去,六妈反驳"你个醋坛子,酸得都发臭了,也不害臊……我倒想知道是哪个老巫婆反锁了房门,留野男人跟她睡觉"(凌叔华,2011),六妈使劲用头朝三妈胸前撞去,哭得上气不接下气,几乎要闹出人命。小主人公当时还听不明白她们为什么吵架,"我猜可能跟爸有什么关系"(凌叔华,2011),而她爸却看上去好像什么事也没有发生。她只记得,倒是"爸离家的时候,妈妈们彼此处得都很好,开心地说笑"(凌叔华,2011)。后来五妈进了尼姑庵,为这事主人公一直都怨恨爸,不愿再跟他在一起。三妈搬去和子女生活,再也不回这个家。妈也尽可能少地见到爸,不过是装装样子。"我真为自己难过。"一个个曾经美好的容颜,在无休止的争宠中,慢慢地枯萎和老去。夏志清(2016)在《中国现代小说史》中谈到凌叔华:"作为一个敏锐的观察者,观察在一个过渡时期中中国妇女的挫折与悲惨经历。"

《古韵》写作的最初意图,凌叔华在给伍尔夫的信中也已表示过:"如果我的书能为英国读者展现中国真实生活的某些画面,和英国普通民众一样的中国平民的某些经历……我就心满意足了"(劳伦斯,2008)。凌叔华终于有机会向一位备受中西主流文化圈推崇的作家表达她所经历的中国生活、所认识的中国文化。凌叔华可谓不遗余力地译介、推荐中国文化作品。她在描写"生活中具有中国情调的细节"上刻意加重了笔墨。同时,凌叔华也致力于将古典著作中的理念赋予现代意义。例如,《孟子》中有许多类似于现代民主国家的政策,强调人对他人的责任感,提出社会赡养老人,施教青年。"国家的功德在于让老百姓过上好日子。这不是很现代的观念吗?"(凌叔华,2011)由此,凌叔华将西方人对人类文明的理想嫁接到自己的价值系统中,将孔孟的仁义与现代的民主观念对接,将庄子的无言比附为现代的理性。

凌叔华从1938年开始动笔写《古韵》,写完一章就寄给伍尔夫,后者通过回信给出建议。在1938年到1939年之间,凌叔华一共寄去8~10份手稿给伍尔夫。1947年凌叔华带着女儿到达英国和丈夫陈西滢团聚,她联系上伦纳德后,在伍尔夫的遗物中找到当年她寄给伍尔夫的手稿,在此基础上凌叔华历经6年时间,完成了《古韵》全书的写作,到1953年正式由霍加斯出版社出版。吴鲁芹(2009)分析说,如果原稿已基本完成,不必等6年之久,"《古韵》全书共十八章,看维吉尼亚·伍尔夫与凌叔华的通信,可以推断她收到的不过几章,绝对不是全部,我的推断是全书后半部是一九四七年凌氏在伦敦住下来之后写的"。林晓霞(2019)也认为吴鲁芹的分析很有道理,她认为《古韵》的写作带有很强的流散写作的特征,"流亡可以酿造愤慨和遗憾,也可以铸造敏锐和独特的视角,流亡赋予文本不可抗拒的艺术魅力,也成就了世界文学"。

按王宁(2012)的说法,《古韵》可以说"迎合了西方读者对中国以及中国人形象的期待,从一种东方主义的视角对自己本民族的弱点进行深刻的批判和剖析"。梅家玲同样认为凌叔华的《古韵》,通过一个"北京小女孩在英国"的姿态,为西方人形塑,甚至坐实了对古老东方的想象。小说以皇城北京为背景,讲述一个中国官宦家中的妻妾争宠,开头更以红衣罪犯的砍头示众,父亲公堂断案,"未尝不是藉由一种'奇观'展演的形式,将中国社会文化中最具特质,最能吸引西方读者的种种,'翻译'至西方世界。在跨文化互动中,中国相对于西方的'边缘'地位,以及因之产生的神秘气息,正是它所以深具魅力的关键"(陈平原、王德威,2005)。

在新月派的作家当中,凌叔华受伍尔夫的影响最为直接,也最深入。难怪李欧梵(2010)评价:"弗吉尼亚·伍尔夫的那份遗产只是传给了后来的两位女作家:凌叔华和张爱玲。"

第三节 文化翻译——凌叔华小说创作

林晓霞(2019)把英文版《古韵》看作一本不折不扣的文化翻译的范例,延续了凌叔华和朱利安之前的合作。凌叔华具备作者和译者的双重身份,而伍尔夫则兼具批评者、读者、合作译者、图书出版策划人四重身份。伍尔夫和凌叔华是第一世界和第三世界、西方老师和东方学生的关系。而《古韵》可被看作伍尔夫《到灯塔去》的姊妹篇,林晓霞指出这两部作品都是自传性小说,主题是女性主义,风格上是诗化散文,叙事上采用多重视角。通过中西合作的文化翻译,《古韵》接近了世界性的文化生产,凌叔华从民族作者跃升为世界作者,也突破了传统文学的国界,真正使"英国文学"成为带有世界性的"英语文学"。这对于伍尔夫来讲,也同样重要,因为她想融合中国的审美观,协调民族文学的差异性,继而质疑单一的西方现代主义，寄希望于多元化的文学世界。

凌叔华对内心独白、双声话语、时空倒叙、多角度叙述等意识流创作手法并不陌生。凌叔华的丈夫陈西滢和挚友徐志摩是最早翻译曼斯菲尔德作品的中国学者，他们早在1924年就开始合作翻译《曼殊斐尔小说集》。《新月》杂志也成为译介曼斯菲尔德的重要阵地。陈西滢和徐志摩对曼斯菲尔德的嗜好，对凌叔华的艺术趣味影响至深，"也在凌叔华作品中有所投影"（杨义，2005）。她也翻译过曼斯菲尔德的《小姑娘》，刊登在《现代评论》（1928年第8卷第195期和第196期）上。林晓霞（2019）指出凌叔华的《写信》在"间接内心独白"的应用上酷似曼斯菲尔德的《贴身女仆》，《酒后》中也看到曼斯菲尔德《陌生人》的投影。实际上，凌叔华进入文坛后，因对于人物心理的细腻而真实的描绘，特别是在《写信》发表后，就被徐志摩誉为"中国的曼殊斐尔"。凌叔华的第一部小说集《花之寺》出版时，沈从文评价说，"从最近几篇作品中，看出她与曼苏菲尔相似的地方，富于女性的笔致，细腻而干净，但又无普通女人那类以青年的爱为中心发出那种气息"（转引自苏雪林，2005）。苏雪林（2005）肯定凌叔华作品对心理的描写也差不多有曼殊斐尔的妙处。陈平原（2010）在《中国小说叙事模式的转变》中断言"凌叔华则是直接师承曼殊斐尔"。

在和伍尔夫通信之前，新月社成员把英国意识流小说体统性地译介到中国，并将其体系化后加以批判性地接受与实践，对中国现代小说的叙事方式、文体影响极大。根据史料，弗吉尼亚·伍尔夫名字最早出现在徐志摩于1923年写的《曼殊斐尔》中。徐志摩在伦敦时读到了伍尔夫的《到灯塔去》，他致信弗莱，希望弗莱能够带他去拜访伍尔夫。可惜伍尔夫当时在剑桥发表关于妇女与小说的演讲，两个中英文化圈的灵魂人物未能见面。叶公超在1932年1月的《新月》上发表其翻译的伍尔夫的《墙上一点痕迹》，首次把伍尔夫作品译成中文。叶公超对伍尔夫的小说叙事技巧尤为赞赏，是"反传统的"，"彻底持客观态度的"，着力去关注"心理分析所谓的下意识活动"（陈子善，1998）。在他的带领下，他的学生卞之琳和赵生蕤都分别翻译了伍尔夫的作品。卞之琳评论徐志摩的小说《轮盘》有伍尔夫的味道，林徽因写《九十九度中》时有意学伍尔夫的意识

五四以来中英文化圈对话与互鉴研究

流手法,而且比徐志摩还要成功(邵华强、应国靖,1983)。李健吾的《心病》受到伍尔夫的影响,朱自清在《读心病一文》中就提到"李先生自己说是受了伍尔夫等人的影响"。尽管萧乾否认启发他写《梦之谷》的是伍尔夫,他在英伦七年,阴差阳错没有和伍尔夫见上面,但他去"僧屋"和她丈夫伦纳德度过一个周末。晚上,伦纳德"抱出一大叠弗吉尼亚的日记,供我抄录"(萧乾,2014b)。萧乾很有可能是第一个阅读伍尔夫手稿的大陆学者。吴鲁芹(2009)也认为,"对吴尔夫、凌叔华二人都有研究的是叶公超和在大陆的萧乾"。

叶公超在为《新月小说选》所写的序文中概括:"新月这般人都受了西洋文学的影响,又对自己的社会正在发生了一种新兴的兴趣,便试图以西洋文学技巧,来表现传统社会中人物的真实生活。"(朱寿桐,1995)在其小说创作中,凌叔华的短篇小说较少为情节左右,但关注的焦点集中在妇女和儿童心理生活上。《写信》中自称"开眼瞎子"的张太太在请受过教育的伍小姐帮忙代笔给在湖南当军官的丈夫写信,一吐失语焦虑的指涉,讲述她婚姻生活的悲哀,来揭示人物的心理活动,"您不知道开眼瞎子是多么苦呢"。张太太毫无顾忌地向另一个女人讲述其婚姻生活的悲哀。凌叔华运用张太太自叙的语句"我说""能说我存心冤枉他吗",让读者能够进入人物的内心世界,并把张太太所"想"的和"感觉"到的编入叙述之中,这种手法属于现代主义转向内心世界的手法之一(劳伦斯,2008)。

早有论者强调伍尔夫"致力于描摹英国上层中产阶级的精神世界"(侯维瑞,1999)。凌叔华创造出女性角色多为鲁迅所准确地概括的"都是旧家庭中的婉顺女性",表现出"高门巨族"的传奇故事。一位最早评论凌叔华作品的西方评论家唐·霍洛克(Don Horlock)指出,凌叔华的小说再现了"日常生活的陈腐"(霍洛克,1985)。《中秋晚》中敬仁太太满脑子封建迷信,深信过节一定要吃团鸭才能团团圆圆,结果敬仁因为赶着要去看望生病的干姐姐,只吃了一口团鸭,还吐了出来。后来敬仁又一脚碰碎了一个供过神的花瓶,让其太太感觉很不吉利。几年后家道中落,她无法找到不幸的根源,只能把这些都归之于天命,"都是我的命中注定受罪吧!"在揭发旧传统的某些愚蠢观念上,《中秋晚》是可以跟鲁迅的《祝福》相媲美的(夏志清,2016)。凌叔华继承了鲁迅先生对女性病态心理的反思。

深闺中的已婚女性,在伦理纲常的压迫下,不得不承受巨大的精神痛苦。在《绣枕》中,一位没落世家的大小姐在辛辛苦苦地绣着一对枕头,准备送给一户民国新贵人家作为礼物,姑娘的父母希望人家的少爷能看上女儿,而绣枕是婚姻市场上唯一能够体现她才能的砝码,也缝进了深闺少女对美好生活的企盼。绣枕送出去后,那户人家没有任何表示。两年后姑娘偶然从女佣处得知,绣枕被送出的当晚,一位喝醉的客人吐脏了其中一只,而另一只被打麻将的客人毫不在意地用作了脚垫。《绣枕》"强有力地刻画出旧式女子的困境",这个象征堪比莎剧《奥赛罗》里狄思特梦娜的手帕(夏志清,2016),隐喻了中国妇女被物化、异化的男权历史,一种凝聚了几千年女性经验的痛苦意识,在幽闭的闺阁空间中,她们既没有讲述自己的话语权,更不会反抗外界的压迫,似"绣枕般任人糟蹋"。凌叔华揭示出"埋藏在传统闺秀神话之下的另一面,那隐秘、灰暗、无价值、无意义的一面"(孟悦、戴锦华,2004)。凌叔华闺阁叙事别异于"五四言说"的独特性在于她所看到的悲剧是"人生琐碎的纠葛,是平凡现象中的动静,这悲剧不叫喊,不呻吟,却只是沉默"(沈从文,1931)。

和盼望嫁入好人家的《绣枕》中的大小姐相比,《有福气的人》中的章老太代表了在这类大家庭中一个女人所能拥有的最高权力,是团鹤朝裙,更兼贤德、财富、子孙等代表女人身份和价值的载体。她帮四个儿子成家立业,连丈夫也佩服她的见识,放手让她掌管全家的收入,儿孙们都期望得到她的指导。同时,她是一位气量很大的原配夫人,丈夫纳了两个小妾,她也从不生气。然而,章老太在一次无意中听到大儿子和媳妇的私房话后终于明白,儿孙们对她的"孝顺"是想哄骗她的珠宝钱财。儿女们的尔虞我诈,却突然让她的"福气",她在大家庭中的尊贵地位显出了空虚。她以不折不扣的礼教"贤德"规范打磨自己,看不出痛苦,找不到暴虐痕迹,内化为自我的屠戮和沉埋,这是"自戕"礼教"软刀子"的功夫和女性自觉内化的结果。凌叔华可以说改写了闺秀文学,其作品中呈现的"闺秀生活领域并非一个特权阶级的领域,而更像是一场'荒诞剧',在这里,最投入、最专注和最热情地参与社会礼俗的人,却成了自我牺牲的产物,在这里,女子越是贞洁,她的热情和欲望就被毁坏得越彻底"(周蕾,2008)。

新月派文学强调"理性"因素,就是要督促在实践中为了文学的秩序和规范,文学主体须加以节制和忍耐,这种节制和忍耐便是文学的力量和价值所在。梁实秋明确指出节制的力量来自文学的理性部分,"就是以理性驾驭情感,以理性节制想象"(转自朱寿桐,1995)。徐志摩从陈西滢的《闲话》风格中看到节制的另一种形态,就是容忍。他认为陈西滢学的是法朗士对人生的态度,在讥讽中有容忍,在容忍中有讥讽。在徐志摩看来,忍耐的精神就是"不偏颇的个性",而胡适的绅士派头就在于"清亮的思想力与不偏颇的个性"。胡适的确习惯于先检视自我方面的失误,希望在改善自身姿态的基础上求得和解。其文学革命倡导重在建立一种温和的新的规矩,打出"文学改良刍议",并整理国故。徐志摩认同生命和人生的理智,努力使自己成为一个怀抱着人生的阔大和生命的永恒的通达绅士。

受到新月绅士通达精神的影响,凌叔华在塑造一个处境不妙的妻子时,突出她的理性智慧,有处理问题的自信,尽管她处于旧伦理的关系中,却具有新女性较强的自我意识,主动的家庭责任感。《女人》中的王太太,丈夫背着她和一位年轻的女大学生谈恋爱,姑娘并不知其有家室。王太太则以巧妙的设计接近女孩,告之真相,悄然阻止了一场错误的恋爱。王太太处变不惊,以保持妻子尊严的方式息事宁人,化解矛盾。

小说《酒后》中的女主人公采苕,对欲望的直率表达更多地存在于20年代新道德讨论初期的理性又多少有点保守的语境中,最终传统的伦理压倒了她心中的欲望:采苕借着酒后的微醺,向丈夫请求一吻醉卧的英俊客人子仪——她暗恋的对象,在丈夫允诺后,她最终"不要 kiss 他了"。"但这个故事所潜藏的出轨或出墙欲望,却隐含了那个时代多数婚姻中男女对于自由恋爱的白日梦。"(杨联芬,2016)《花之寺》中的燕倩,聪明、有独立思想,在感到婚姻生活的倦怠时以匿名女子的方式写信给丈夫幽泉,约他在花之寺见面。当幽泉见到那个未知女子就是燕倩时,责怪妻子不信任他。《花之寺》的作者有意识地对丈夫喜新厌旧的心理加以揶揄、微讽,她寄希望于夫妻双方主动积极地调适他们的关系而维持和谐状态(倪婷婷,2007)。妻子燕倩在保留丈夫面子的前提下让丈夫的花心受到小小的教训,她用这种方式使婚姻生活中的女性明了,除了要保持自己的独立自我外,还要积极努力,才能使爱情有一个更长的保鲜期。

朱寿桐(1995)把新月派小说归结为性情小说,无论是《酒后》的荒唐异想,《女人》的生动机巧,还是《花之寺》的奇特安排,都包含着凌叔华在日常生活中所"不敢说的情绪",而这些情绪内容又确实在相当程度上符合作者那充满生活情趣的性灵激活状态,所以又可以说是作者性情表现的结果。他盛赞凌叔华小说因其蕴涵着真情的感动、人生的参悟和灵性的闪光而显示着经久不衰的魅力。

凌叔华除了描写旧式女性外,还关注一类新女性形象,一群已婚的知识女性,她们生活在新旧时代的转型中,从封建大家庭的闺房走出,接受新式教育,女性意识初步觉醒,对自由恋爱、幸福婚姻、个人价值的实现已经有了初步的向往和追求,然而由于主客观条件的限制,她们"最终被困于鲁迅所说的'高门巨族'的'围城',这些稚嫩的幼芽往往是未待开花结果就被摧折了"(林晓霞,2004)。然后不久女性就发现,她们成为新话语体系和空间环境中被再次客体化,"在社交公开的道德革命实践中,被公开的,是女性的身体,而女性身体的主权,却并不因此攥在她们自己手中,而仍然在男性那端"(杨联芬,2016)。大多数新女性在成为母亲后,就失去了继续成长的土壤和机会。《小刘》描写的是一个女人的失败史,小刘曾经是个活泼机灵、年轻气盛的女学生,也取笑过那些来上学的怀孕小媳妇。十多年后却成了生孩子的机器,被孩子和家务弄得心灰意冷,再也没有追求和抱负,她自身沦为传统生活方式的牺牲品。杨联芬(2016)总结现代女性的三大诉求——思想的自由、劳动的自由和性的自由,落到现实,女性自身却往往遍体鳞伤。

在《无聊》中,凌叔华描写了身为译者的如璧的一天:翻译,和邻居白太太聊天,出门购物。商场售货员想让她买老式丝绸,搬出"新生活运动"的说辞,蒋介石发动此项运动,试图以新儒家道德引导下的现代规划来抗拒西方文化的影

五四以来中英文化圈对话与互鉴研究

响,其夫人宋美龄大力赞扬贤妻良母的女性角色,这种推销让如璧很不舒服,"但是一个好好的人,为什么要给他带上一个枷?一个好好的人,为什么要给人像猪一样养着?愈想愈无聊"(凌叔华,2016d)。这和伍尔夫的达洛卫夫人独自在小屋内自省如出一辙,她意识到自己曾经丰盈的生命被无聊的闲谈磨损,"每天都在腐败、谎言与闲聊中虚度",光华焕发的盛宴一败涂地,完美女主人的形象崩塌了。《无聊》是对如璧"家就是枷"的身心体悟之印证,揭示出五四以后在男女平等问题上的倒退。如璧和凌叔华这样的女性得到了受教育的机会,但仍难以逃脱服从于更大的社会秩序的命运(魏淑凌,2008)。

《绮霞》中女主人公婚后一开始做贤妻良母,后来因无法割舍热爱的音乐去法国留学,归来做女校教员,但丈夫早已另娶。绮霞获得了事业,丢掉了家庭。独身的女教员,作为新女性普遍的生存方式,在20年代小说中构成一种独特现象。在那个时代,女性在家庭和事业上难以两全其美。在绮霞身上,最大限度地体现了五四新女性追求人格独立、实现自我价值的强烈愿望和自觉行为。

凌叔华在小说中涉及同性恋、疯癫等主题,集中体现了凌叔华向西方女性主义和现代主义话语靠近的趋势(倪婷婷,2007)。《说有这么一回事》中女校的两个学生影曼和云罗在排演戏剧《罗密欧与朱丽叶》时认识,由此开启一段同性恋爱。小说"为两个女孩的浓情蜜意营造出'甜支支醉人'的性感氛围,以此与最后的悲剧性结局构成震悚的对照"(倪婷婷,2007)。

"云罗半夜醒来,躺在暖和和的被窝里,头枕着一只温软的胳臂,腰间有一只手搭住,忽觉得一种以前没有过且说不出来的舒服。往常半夜醒来所感到的空虚、恐惧与落寞的味儿都似乎被暖融融的气息化散了。她替影曼重新掖严了被筒,怕她肩膀上露风。"(凌叔华,2016b)然而在暑假分离后,云罗在家人的包办下,做了别人的新娘,两个女孩的甜蜜恋情最终夭折。影曼向云罗表白她们在一起的愿望:"我想我爱你的程度比任什么男子都要深,我要长久,你一定明白吧?你当嫁给我不行吗?"(凌叔华,2016b)她悲痛欲绝,无力换回这段感情。凌叔华对于同性恋情主题的涉及,是超前于时代的。伍尔夫与同性恋人维塔的情缘,促使伍尔夫写出《奥兰多》,一封献给维塔的最长的情书。在伍尔夫死后,是维塔竭尽全力帮助凌叔华,先是请伦纳德帮忙找出《古韵》的手稿,亲自撰写书的导言,最后使得《古韵》由霍加斯出版社成功出版面世。

疯癫也是研究伍尔夫的一个重要视角,出现在《达洛卫夫人》中的有战争创伤后遗症的塞普蒂默斯身上,他患有弹震性精神病,在即将要被医生强制隔离的时候跳楼自杀。塞普蒂默斯也许是弗吉尼亚本人抑郁的写照,他的死也可理解成对战争和精神病学权威所代表的父权体制的抗争。伍尔夫本人因早年丧母,被同父异母的哥哥性侵犯,也多次遭受精神抑郁的病痛之苦,最终在1941年第二次世界大战阴云密布,自己担心又一次陷入疯狂时,选择投入乌斯河自杀。在凌叔华《疯了的诗人》中,新媳妇双成以尚存的童真瓦解了妇道碾压的讽喻,反映中国小说这尚未探索的一种心理状态——疯癫(劳伦斯,2008)。通过《疯了的诗人》,凌叔华表现了女作家受到的双重束缚:国家的变革运动鼓励女性贡献文化产品,却又认为她们不能平等地参与,导致了她们在心理上的波动(魏淑凌,2008)。

小 结

在武汉大学教书期间,朱利安构建了以他自己、凌叔华和叶君健为核心的新的文学、思想和情感网络,积极主动地将凌叔华和叶君健推荐给布鲁姆斯伯里文化圈中的弗吉尼亚·伍尔夫、瓦妮莎·贝尔、英国现代主义文学刊物《新作品》的主编约翰·莱曼等,不遗余力地把他们推向英国,或者说是国际现代主义文学舞台。他和凌叔华共同参与的文学翻译活动,在西方现代主义初入中国的语境下,可被视为一次真正意义上的跨文化对话。在他牺牲后,凌叔华和叶君健自觉推动与布鲁姆斯伯里的联系并用鲜明的中国主题、中国风格进行文学创作,从跨文化的层面实现对英国现代主义文学的文化政治介入。陶家俊(2009)指出:被批评界忽略的是朱利安在中国期间对布鲁姆斯伯里传统的独特审视和批判。

中英文化对话的珍贵结晶,更体现在凌叔华日后创作的英文自传体小说

《古韵》。在弗吉尼亚的指导下进行写作,凌叔华牢牢地把握住了与弗吉尼亚的联系,这是一条通往她想象中广阔世界的生命线,是与另一位杰出女性建立友谊的生命线(魏淑凌,2008)。通过《古韵》的英文写作,凌叔华成功地进行了跨文化翻译。劳伦斯也认为凌叔华使用英语并未使她"从属于"英国文化,但是却使她用自己的语言天赋跨越了文化界限,去和另一个国度的一位伟大的现代主义作家进行交流(劳伦斯,2008)。

  凌叔华在创作中着力描绘幽闭闺房空间的大小姐被践踏的"绣枕"命运,太太们无聊又愚蠢的"开眼瞎"人生,其寄生的生活,荒芜的心灵,只有服从没有选择,也不会给女性选择的权利。从一种性别角色反思的高度上表明,"女性狭窄的天空究竟狭窄到什么程度"(孟悦、戴锦华,2004)。作为中国现代女性知识分子,受到良好的教育,凌叔华也揭示出五四新女性走出闺房后遭遇到的困境,女翻译家倍感人生的无奈、女诗人的发疯和独立女性的孤独是其必然后果。在凌叔华的个人生活中,她努力要走出的正是这些闺房,并主动把握、成就自己的人生。

第四章

现代化"蓝图":
萧乾和福斯特的"私人关系"

第四章 现代化"蓝图":萧乾和福斯特的"私人关系"

萧乾在刚刚开始自己的文学生涯时,宣告自己要做"未带地图的旅人",在他看来,理论代替不了旅行。他要的"是体验这个光怪陆离的大千世界,我要采访人生"(萧乾,2014b)。这一宣言是他浪漫率真的个性表征,在深层的意义上,更是萧乾自由主义理想的一种隐晦的表述方式。

作为京派文人的后起之秀,萧乾曾受到沈从文和巴金两位先生的提携,旅英七年,他和福斯特等布鲁姆斯伯里文化圈的几位重要成员结成深厚的"私人关系",并探讨文学问题。萧乾通过翻译、创作、演讲等方式在中英文化交流上沟通土洋,去除误解。他提出中国不是华夏,向西方介绍抗战中的现代中国,同时,萧乾对现代民族国家民主建制强烈关注与深切焦虑,热切地提出"中国不能仅满足于祖先那份遗产,必须现代化,不然,文化遗产也保存不住"(萧乾,2014a),彰显出作为一个自由知识分子对生命意志与社会理想的执着追求与不懈实践。

第一节 福斯特与萧乾的"友谊公报"

E. M. 福斯特与好朋友狄金森一样,总是被"异国的"和"别样的"观察方式所吸引。福斯特对东方的兴趣不仅来自狄金森,也受到伦纳德·伍尔夫在锡兰经历的影响,他自己也在1915年和红十字会去过埃及。这些"私人关系"带来的文学影响是福斯特的文化开放观。他提倡"唯有融合"(only connect)这一人生哲学,把不同民族、文化、宗教、阶级都联结起来,跨国主题进入其小说,也突破了狭隘的阶级观念。1924年,他完成了其杰作《印度之行》,表达了对印度文化的热爱和洞察。福斯特的"私人关系"也包括了跨越阶级、文化和国家界限的同性恋关系(劳伦斯,2008)。以他剑桥同学休·梅瑞狄斯(Hugh Meredith)和印度的西德·马苏德(Sid Masood)为灵感,福斯特于1911—1912年写出同性恋小说《莫里斯》,小说于他去世后1971年才正式出版。福斯特在1924年把《印度之行》献给了马苏德及"我们十七年的友谊"。他把友谊看得高于一切。

五四以来中英文化圈对话与互鉴研究

他在《哈宾芝尔收获集》中的一篇文章中说"倘若我不得不在背叛我的国家和我的朋友之间作出抉择的话,我但愿自己有勇气背叛前者"(转引自萧乾,2014a)。福斯特基本上就是个自由主义者,他曾任一个人权协会主席。1939年他出了本小册子《我的信仰》,开头就是"我的信仰就是什么也不信"。按照萧乾的说法,他所有的作品都在阐明着一个信仰,就是"私人关系"。

福斯特引以为憾的是平生只到过埃及和印度,而未能来中国。1941年5月,在康伟礼堂为印度诗人泰戈尔举办的追悼会上,福斯特代表英国讲话,萧乾代表中国发言,那是他们第一次相识。萧乾刚刚读完福斯特的《印度之行》,很欣赏他对印度的人道态度,并认为福斯特是以温和的态度反对殖民主义。福斯特初访萧乾时,直接从银行保险库里取出《莫里斯》小说原稿,让萧乾阅读,这让萧乾非常感激,甚至有些诚惶诚恐。萧乾还曾希望福斯特写一本《中国之行》,"自从我们见面以来我就一直想着《中国之行》的事"。福斯特却拒绝了这一邀请,他说自己没什么准备,甚至还没有开始中国之行,他在给萧乾的信中说,"我觉得自己已经太老了,所以不能再领略中国了,如果我能够的话,它肯定比意大利、印度和法国更好"(《友谊公报》,1943年1月5日)。

1942—1943年,萧乾经韦利和福斯特的推荐,就读于剑桥国王学院,研究英国心理小说,而福斯特是他集中研究的小说家之一。剑桥国王学院图书馆保留了萧乾在1944年春做的《友谊公报》,即复制了福斯特写给他的最早40封信的打字稿,每封信件后还加了些注。1984年萧乾重访剑桥大学时,国王学院的档案管理员迈克尔·豪尔(Michael Hall)博士找到了这批信件的打字稿。从《友谊公报》的信札来看,福斯特和萧乾有过一段热忱的友谊。每当萧乾回忆起剑桥国王学院那段日子,他就不能不记起这位以"友谊至上"为人生哲学的已故英国小说家。萧乾(2014b)承认,"这份友谊也并非偶然。现在回想起来,我们相互间确实存在过一种吸引力"。福斯特给萧乾的80多封信中,除了文学和其他方面的讨论,猫也占了一定比重,这是他们之间的共同兴趣——都很爱猫。福斯特第一次到萧乾的家中做客时,为萧乾的猫瑞雅带来了"人造猫食"作为见面礼。瑞雅死后,福斯特还写了封十分动人的信,夸瑞雅是世上顶可爱的一只

猫。"想不到一条生命就这么消失到黑暗中去了,真令我不胜悲伤。"(《友谊公报》,1943年7月19日)

萧乾认为福斯特和其他西方人完全不同,"他敏感、仁慈而又善解人意,像自己人一样"(《友谊公报》,第22号书信之脚注,1942年9月22日)。两位作家的交往使福斯特大大增加了对中国人民的向往。有一次福斯特在信中附了一张要萧乾签字才能生效的支票,让萧乾转给中国红十字会,"用以向中国致敬",支援中国抗战。1942年夏天,福斯特想读庄子,推荐他读庄子的法国好友查尔斯·莫荣(Charles Mauron),用法文拼写"庄子",他在英国图书馆查不到,便要求萧乾告诉他应该的通用拼法,以便去查找。当萧乾在伦敦华莱士绘画馆讲《龙须与蓝图》时,福斯特专门提前到场,事后还写信夸萧乾讲得引人入胜,听了也令人愉快。"我演讲时用'龙须'象征中国的古老文化,蓝图象征工业化。我认为中国不能仅满足于祖先那份遗产,必须现代化,不然,文化遗产也保存不住。"(萧乾,2014a)福斯特在信中问:"有了蓝图之后还能不能再回到龙须上来呢?过去人类历史上可曾有人找到过这条路子?"(《友谊公报》,1943年5月1日)萧乾的英文著作《中国并非华夏》在英国出版后,福斯特马上给予积极的评价,"我喜欢《中国并非华夏》,并认为设计、印刷都很考究,它能给人们信息"。(《友谊公报》,1942年12月26日)

在两人的书信往来中,讨论得最多的还是文学。福斯特曾写道,"有时我拥护艺术,有时我又反对它。我现在拥护它,并且觉得关在象牙塔中的不是艺术家,而是这个世界。我认为那座塔是用最廉价而丑陋的材料筑成的",最后他说,"我已经回到十九世纪波西米亚式的艺术家去了"(《友谊公报》,1941年9月19日)。萧乾把论福斯特小说的论文《海伦,特洛伊的黑马》交给导师后,也直接寄给他本人,萧乾指出《霍华德别业》的主题是企图在上层知识分子和下层劳动人民之间寻求和谐或妥协,并认为福斯特心目中在反对两个敌人:一个是人性上的虚伪,另一个是社会上的贫富悬殊。他对前者比较熟悉,写得真切,而对后者则陌生隔膜,结尾有点虎头蛇尾。福斯特回信说,自从写完《霍华德别业》,他对社会改革的希望就荡然无存了。"发现自己成了一个无政府主义者……我依然抓住了人类友情这一主题不放。"(《友谊公报》,1943年2月)自幼失怙,饱尝贫穷滋味的萧乾在另一篇论文中指摘福斯特不了解下层人民,不曾尝过贫穷的滋味,福斯特在回信中说,"我仍在思考你提出的贫穷和犯罪问题。我为什么一听这话就羞惭?……而是出于我想象不出贫穷是怎么回事,它暴露了我心灵活动中的一大缺陷。一下子好像看见了,接着又变成空洞的言词而已"。(《友谊公报》,1943年7月3日)

萧乾在1949年回北平时,由于清醒地知道30年代中期在俄罗斯和东欧发生的事,他就发函给所有海外的朋友,别再给他写信,连贺年片也别寄。1954年英国文化代表团中有一位福斯特的密友——诺丁汉大学的杰克·斯普劳特(Jack Sprout)教授,他要求单独会见萧乾,并把福斯特的亲笔信和一本书转交给后者。萧乾拒绝了这次会面,这令福斯特深感痛心。最终他们之间的一段美好友谊以悲剧告终。

福斯特给萧乾写了80来封信,萧乾珍藏了多年。然而,据萧乾说那些信件在1966年8月被红卫兵一把火烧毁,福斯特也毁弃了萧乾的一些信件。"我所有的信(原件)都不见了,我猜想是这样的:这位老人,50年代初当他得知我没有和斯普劳特教授单独会面,他的信和书也就不能由他亲自送到我手上时,就把那些信件撕成碎片了。"(参见劳伦斯,2008)福斯特中断了他们之间的友谊,他不肯原谅萧乾对斯普劳特的冷遇,因为他在剑桥期间对萧乾厚待有加。福斯特一直相信私人关系应可超越政治,他所不知道的是,当时萧乾已经受到政治屏蔽,1950年他本来要做一个访问英官方代表团的随团秘书,临上飞机时却被拉下了飞机。"这40年来,我看见过太多人就因为这样的偶然会面就被定为反革命。"(参见劳伦斯,2008)

萧乾不否认自己常想着,如果福斯特的那些书简能够保存下来,他至少在中国可以成为研究福斯特的权威。萧乾把福斯特和亨利·詹姆斯相比较,"福斯特的小说结构精致谨严,描写(尤其人物内心世界)细腻入微"(萧乾,2014b)。福斯特在遗嘱中不让改编他的作品,然而他的小说接连被改编成获奖电影。"这说明福斯特小说语言有一种韵味,他笔下的独特意境以及深刻的象征意义都是时间所损蚀不了的。"(萧乾,2014b)。

萧乾也感叹,这样一段美好的友谊,怎么会以悲剧结束的呢?一个中国文学青年同一个对东方抱有好感的英国作家由于在讲台上邂逅,从而结下友谊,青年刚好在研究这位作家的小说。于是书信往来频繁。"作家加深了那青年对西方文化的了解,青年也增进了作家对中国的认识。"(萧乾,2014b)。福斯特的人生哲学是友谊应在国家之上。他没有在专制下生活过,无法理解萧乾的处境。萧乾拒绝和斯普劳特单独会面,书信和书退给了福斯特,那对他可能不只是一个打击,更可能让他对人性丧失了信心。事后萧乾也感到十分羞愧,承认"也许我是个懦夫"(萧乾,2014b)。

《福斯特书信集》于1982年在英美同时出版,书里没有收入一封萧乾所写的信。后来萧乾1984年重访英伦,剑桥大学档案负责人告诉他,在福斯特的遗物中,连一封萧乾的信也未发现。董鼎山感叹萧乾和福斯特文学友谊的悲剧结局,"萧乾的损失也是我的损失,也是我们喜好文学者的损失。经由萧乾的友谊,一位国际大作家颇可成为中国的友人。这类友谊的摧毁,不是萧乾之过,而是政治环境之过"(傅光明、孙伟华,1992)。

第二节 萧乾的现代主义探究和现代乌托邦的追寻

萧乾在剑桥时,对意识流小说发生了兴趣,福斯特对乔伊斯很有研究,他向萧乾推荐了《尤利西斯》,并认为该书是这个时代最有趣的文学实验,同时提醒萧乾要读普鲁斯特,因为普鲁斯特才是意识流小说的鼻祖,这位法国作家对英国二三十年代的小说产生过巨大的影响。他承认自己十分崇拜法国心理小说家普鲁斯特,"我对他下过功夫,正像旁人对巴尔扎克下功夫。也许正因为如此,我对他有所偏爱。……可惜他对人性的看法单调而阴暗。倘若他能像简·奥斯汀那样放开一下,更不用说托尔斯泰了,他一定是迄今为止最伟大的小说家"。(《友谊公报》,1943年1月31日)

五四以来中英文化圈对话与互鉴研究

福斯特和韦利建议萧乾辞去伦敦大学东方学院的教职,去剑桥大学深造,专注于意识流小说研究。他自己也说,"在四十年代下了点傻功夫研究过意识流小说"(萧乾,1984)。在福斯特和韦利的推荐下,萧乾获得英国文化委员会颁发的学术奖学金,成为剑桥大学的正式研究生。萧乾的导师戴迪·瑞兰兹(Dedy Rylands)深爱亨利·詹姆斯、伍尔夫和劳伦斯,受导师影响,在研究生阶段,他对詹姆斯、伍尔夫、福斯特和乔伊斯都做过深入研究。他在回忆文章中说,"40年代,我曾有幸在剑桥钻研了几位我慕名已久的作家。……甚至死抠过乔伊斯的《尤利西斯》和他那天书般的《芬内根的苏醒》"(萧乾,2001)。萧乾写过一篇关于弗吉尼亚·伍尔夫的"非常满意的文章",他还曾与伦纳德·伍尔夫共同度过一个周末,"晚上,他抱出一大叠弗吉尼亚的日记,供我抄录。清晨,我们一道怀着沉重的心情去踏访结束了她生命的那条小河……也许它还真的为一个透明的心灵解脱了又一次的折磨"(萧乾,2014b)。

早在1929年,萧乾还在燕京大学学习的时候,在杨振声教授的"现代文学"课上就听过关于《尤利西斯》的讲座,这也是萧乾第一次听到乔伊斯的名字。1939年秋,他去伦敦大学东方学院教书,学院为了躲避纳粹的轰炸,将学院疏散到剑桥去,他在大学城买到奥德赛出版社1935年版的《尤利西斯》。萧乾花了好大力气,勉强读完《尤利西斯》,并在书的空白处做了详细的注解。1942年他在剑桥读研期间,研究的课题就是英国心理小说。他的导师瑞兰兹博士一向崇拜伍尔夫,萧乾就读了《到灯塔去》《达洛卫夫人》。

如果说伍尔夫作为绅士的女儿被剥夺了在大学校园接受正规教育的机会,她以局外人自称,撰写大量书评宣扬"普通读者",在体制之外发展了另一种教育普通大众的方法,那么,萧乾自幼失去父亲,十多岁母亲又去世,在贫困中长大的他自称"未带地图的旅人"。"地图"是萧乾对当时风行的各种理论或主义的借喻方式,不带地图标志着其渴望个性独立的自由主义者姿态,也是贯穿萧乾生命过程中的主旋律(周黎燕,2006)。和伍尔夫类似,他钟情于书评写作。他以《书评研究》作为大学毕业论文,这是书评理论研究具有开创意义的第一本书,并于1935年由商务出版社出版。他在毕业后主持《大公报》文艺副刊时,开辟"书报简评"专栏,建立起自己的书评网。萧乾区分了批评家和书评家的概念,"在实质上,这两位同行不应有区别。批评家多往深处探索一些,书评家在广度上多着力。书评是为非专家的一般大众所做的评论。在形式上,它似浅近些。但同批评家一样,做书评的人应有清晰的历史概念,对于作家应有深刻的认识,对于作品应有透彻的见解"(萧乾,1984)。萧乾的书评理论特别推崇"真"的艺术精神,书评家不仅"要具有足够的知识和审美的能力",他还应具备鲜活的生活体验,应"多明白些生活中的道理",充满"涉猎的好奇心",并形成自己的"评判力"。一方面书评家比一般的接受者"情感丰富",另一方面他要用理性去"驾驭情感",而"获得心的平衡","唯有在平衡的心情下"才能写出成功的书评(萧乾,1984)。在他看来,书评具有自身的独立性,是文化的保镖。

现代主义大家乔伊斯当然也是萧乾在剑桥的研究重点。1945年,萧乾在告别欧洲之前,专程到苏黎世郊区去拜谒乔伊斯的墓地。他在《瑞士之行》中写道:"这里躺着世界文学界一大叛徒。他使用自己的天才和学识向极峰探险,也可以说是浪费了一份禀赋去走死胡同,究竟是哪一样,本世纪恐难下断语。"(见《尤利西斯》译者序)。大约在50年后,他同妻子文洁若合作,用4年时间完成了《尤利西斯》的汉译工作。动手翻译之前,萧乾首先想到的是1939年在剑桥买的两卷本《尤利西斯》。这两本书,连同他从英国带回来的那批书,当时他求何其芳存放在社会科学院文学研究所,才逃过了被抄家损毁的劫难。他拿回来时,发现封皮完好无损,打开封皮,看到了半个世纪前自己的笔迹:

天　书
弟子萧乾虔读
1940年初夏,剑桥

在整个世界卷入战火之际,萧乾躲在剑桥国王学院,身为"敌性外侨",每早六点前,晚八点后不许出门,读《尤利西斯》以消磨日子。

萧乾和文洁若开始翻译《尤利西斯》之后,中国社科院近代历史研究所的人找到了1940年6月3日萧乾从剑桥寄给胡适的一张明信片,上面写着:此间工作已谈不到,心境尤不容易写作。近与一爱尔兰青年合读 James Joyce 的 *Ulysses*。这

五四以来中英文化圈对话与互鉴研究

本小说如有人译出，对我国创作技巧势必大有影响，可惜不是一件轻易的工作。

徐志摩在剑桥读书期间，也认识到《尤利西斯》的价值。在1922年《尤利西斯》刚刚出版时，徐志摩就写信给国内的朋友讨论詹姆斯·乔伊斯。他在《康桥西野暮色》前言中写到乔伊斯"在书后最后一百页，那真是纯粹的prose"，没有标点符号，也不分章句篇节，"像一大匹白罗披泻，一大卷瀑布倒挂，丝毫不露痕迹，真大手笔"（转引自劳伦斯，2008），显然徐志摩很早就和乔伊斯产生了共鸣。1935年，乔伊斯在中国受到了批判，马克思主义作家周立波反对西方的"颓废"，批评《尤利西斯》是"有害的""淫秽的"，"除了那些饱食终日、脑满肥肠的人，还有谁会读这种书"（参见劳伦斯，2008）。

"文革"时期，现代主义文学再次遭到了否定，萧乾说中国"经历了一个中古时期……在60年代，有过学习英国文学的经历成为罪过"（转引自劳伦斯，2008）。1964年，北京大学的袁可嘉在论文《英美意识流小说评述》中批判了《尤利西斯》的虚无主义、庸俗市侩，甚至低级下流。直到1978年以后，袁可嘉修正了他的立场，把《尤利西斯》的节选收录到《外国现代派作品选》中。袁可嘉是受到20世纪40年代在华教学的瑞恰慈和燕卜荪理论影响的一代批评家的代表人物，政治的波动使得研究中的批评家团体有时难以真实地表达他们的批评见解。

1922年问世的《尤利西斯》，直到1994年，才在中国有了全译本。宋韵声（2015）认为这只能说明现代主义在中国中断了近半个世纪。劳伦斯认为福斯特和萧乾之间的文学讨论，是现代主义研究中一度被忽略的部分，有待进一步研究。由于文学的政治化，劳伦斯所讨论的体现文学和文化的跨国对话和写作被中断（劳伦斯，2008）。

中国学界认为翻译《尤利西斯》是对人类文化的又一重大贡献。从这本书的翻译出版，世界也看到了中国在文学艺术方面改革开放的决心和程度。对于萧乾来说，《尤利西斯》的翻译出版，是他文学翻译事业最大的一项成果，是他晚年文学成就的另一座高峰。他在译者序中说"乔伊斯这部书在写作方法上之新奇，对未来小说家的影响是难以估计的。我简直无法想象他们如何能不受此书的影响。它创造了当代生活的形象,每一章都显示出文字的力量和光荣,是文学描绘现代生活上的重大胜利"(见《尤利西斯》译者序)。

丁亚平在《水底的火焰》中记述萧乾先生的后50年:萧乾先生选择做翻译工作是一种无奈之举,不能搞创作了,做翻译不仅使作家们读到更多的有高质量翻译水平的外国文学作品,也让萧乾自己通过做事情得到一点精神安慰。文洁若由衷地评价她与萧乾先生的译著,"与萧乾合作翻译《尤利西斯》是最有意义的一件事"。丁亚平(2010)在最后的点评中称:《尤利西斯》是萧乾献给文洁若"最后的一首爱情诗",也是萧乾先生留给这个世界的"最后一首爱情诗"。据丁亚平介绍,1991年81岁高龄的萧乾和六十多岁的文洁若先生挑战巨著,他们勤奋与执着,历经四年,高质量地完成译著,谱写了一首动人的"爱情诗"。

赵毅衡也评论萧乾最让人钦佩的是他的勤奋,以80多岁的高龄,和夫人文洁若共同翻译《尤利西斯》,他们为译本加的近6000条注释,就明白翻译此天书是多么艰难。

萧乾的国际文化关系也让赵毅衡很感兴趣。萧乾晚年回忆艾克敦是他"结交最久的英国朋友"(萧乾,2005)。1932年,艾克敦受温源宁之邀,到北京大学任教。他积极参加北京文化圈的活动,和北大清华师生交往密切。1939年在中国战事愈演愈烈时才不得不返回英国。毛丹丹(2020)对新发现的萧乾致艾克敦的15封英文书信的翻译、注释,完整地呈现了1940年初萧乾到英国后与艾克敦交往情况,为学界探讨中国现代京派作家与英国布鲁姆斯伯里文化的接触再添有很高价值的史料。萧乾到英国伦敦大学东方学院做中文讲师后不久,就去信和艾克敦取得联系,从1940年1月到1941年3月,共记15封。在写于1940年1月3日的信中,萧乾提到他在燕京大学听过艾克敦的诗歌朗诵会,也拜读过他和陈世骧共同翻译的《中国现代诗选》,甚至1936年在林徽因家和他共进晚餐,当时在场的还有朱利安·贝尔。紧接着在1月10日的第二封信中,萧乾写到他们的相聚最让他觉得快乐。在艾克敦的引荐下,萧乾认识了英国文化圈的名流。当他见到阿瑟·韦利先生后,感觉读到了诗歌本身。他提到艾克敦"还梦想回到中国去,这个古老的国度必须努力配得上您的尊重和爱"。他们之间还进行了跨文化交流。萧乾把自己的两本著作随信寄给艾克敦,得知艾克敦正在翻译中国戏剧,他就寄去最新一期的《山程》,其中有郑振铎关于介绍中国元杂剧的文章,还有戏剧界最高权威吴梅的著述书目。在写于1月15日的第三封信中,萧乾先是感谢艾克敦寄来的诗集《水族馆》,并评论它非常令人赏心悦目,还提到他寄送一本自己的《篱下集》给韦利。萧乾也很感激艾克敦鼓励他写小说,甚至有意翻译它们。在信中他告诉艾克敦会尽力帮他找中国的戏剧作品,如《凤凰城》,还推荐《中国新文学大系》中的曹禺的三部剧作,并说曹禺是唯一值得被翻译的剧作家。在1月20日的信中,萧乾感谢艾克敦为他准备的丰盛的晚餐,为他介绍最有趣的人,并随信寄去梁遇春和袁家骅合译的《吉姆爷》,他俩都是艾克敦的学生,如今已全国闻名,代表着中国翻译英国文学方面的最好的努力。写于8月22日的第五封信中,萧乾说他对英格兰学界的景仰,都归功于艾克敦。最让他感到有价值的是艾克敦介绍他认识了韦利,"于我而言,他是位绝佳的老师"。在8月25日的第六封信中,萧乾盛赞艾克敦天生热爱中国的一切事物让他很动容。他还提及自己正在艰难地阅读艾克敦借给他的《安娜·利维娅·普鲁拉贝尔》,但兴趣盎然。在写于10月30日的第七封信中,萧乾汇报说,自己买了本《芬尼根的守灵夜》,因为包含了艾克敦给他借阅的上述书的内容,他就提出将这本书还给艾克敦。并且说只要艾克敦需要寻找中文书籍,尤其是小说,他便可以轻松借到它们。在11月4日的信中,萧乾祝贺艾克敦翻译的《醒世恒言》即将面世,这消息"实在是令人振奋。最光荣的事是伦敦在残暴的威胁下继续滋养着艺术和文化,《醒世恒言》的作者在黄泉下,应该也会露出感恩的微笑"。同样在这封信中,他和艾克敦探讨,比起《日出》和《雷雨》,他不太喜欢艾克敦托他寻找的吴祖光的《凤凰城》,甚至问道:"您确定它值得您花费宝贵的时间来翻译吗?"从第8封到第10封信中,萧乾帮艾克敦寻找中国书法家,为艾克敦的精装书封面题字。在写于11月21日的第10封信中,萧乾重读了艾克敦的《中国现代诗选》,提出类似的散文选集也同样能够成功,而且可以选择更多篇幅。第11封信写于11月24日,萧乾建议艾克敦多翻译几篇《醒世恒言》中的故事,并随信寄上明末白话短篇小说《豆棚闲话》。第

13封信写于1941年2月3日,身在伯明翰的伍德布鲁克学院,萧乾怀念伦敦,特别是伊顿露台,就是最文雅、最温馨、最令人向往的所在,感恩因有艾克敦而存在的快乐时光。希望艾克敦已完成其工作:为他敬重的中国文化做间接的宣传。萧乾在离开时,特别去看了东方学院的图书馆,他欣喜地告诉艾克敦,在期刊部发现了全套的《天下》《中国杂志》,并在里面看到了艾克敦的多篇文章。最后一封信写于1941年3月25日,萧乾期待读到艾克敦的小说,并提到他曾经有新月诗人孙毓棠的《宝马》一书,可能送给了韦利。

乔治·奥威尔1941年8月进入英国广播公司(BBC)海外部,任印度处演讲节目助理和制作人,负责有关战争的特写、演讲和评论,先向印度,继而向沦陷了的马来西亚和印度尼西亚播音。萧乾在伦敦的有些演讲是在英国广播公司发表的,由此有了他和英国作家奥威尔的一段交往。萧乾在BBC的演讲有两个内容,一是中国沦陷区的状况,二是中国当代文学,后者和当时世界反法西斯战争的宣传关系不大,却有助于广播目的国和其他英语国家的听众了解中国和中国文化,萧乾赠送给奥威尔用英文出的一本书——《苦难时代的蚀画》,因此后来的两次演讲的内容都和这本书的内容有关。奥威尔1942年3月13日致信萧乾,"你送我的那本《苦难时代的蚀画》我耽搁到了该读的时候才写信表示感谢。我对这本书很感兴趣,它同时让我充分地认识到对中国现代文学我是怎样的全然无知。不知你会不会同意在四月底前后就这个题目为我们做两次演讲?我们正准备播出关于当代文学的系列演讲,将以六次关于英国文学的演讲开始,接着是四次俄国文学的和两次中国文学的演讲。我相信你是承担这后两次演讲的合适人选"。奥威尔1942年3月19日致信萧乾,再一次明确萧乾演讲时间和内容,"你的书中所写向我打开了一个全新的世界,以往我毫无所闻的世界,我想对于我们的听众来说也是如此。我要让听众知道,有一个生机勃勃的中国现代文学,通过英语的翻译他们是完全可以读到的。当然,你也需要加进去一点此前中国文学的背景材料,以便说明当代文学新在何处"。

旅欧七年期间,萧乾一直密切关注国内抗日救亡局势,除了特写,萧乾发表的政论性文章都有一个潜在的话题或隐性的对象——中国,即战时的中国如何赢得胜利，战后的中国如何重建家园。萧乾以新闻特写、政论、杂文等直接表达现代民族国家民主建制的社会理想与文学信念。1946年，萧乾回国暂居上海。他在《大公报》以"塔塔木林"之名发表专栏文章：红毛长谈。文中他假托"红毛"，以洋人身份抨击国民政府专制、黑暗的政治现状，直陈时局弊端，内战不但破坏了人民的日常生活秩序，更令人担忧的是阻碍了国家民主建设的重建步伐，他是以乌托邦形式来抒写自己理想的中国。这是萧乾在西方考察资产阶级民主国的结果，尤其是他在告别欧洲时去了瑞士，实地体验和剖析西方的民主政治案例，在《瑞士之行》中，他观察到"原始民主"，一是自下而上的民主，二是"生产的和谐"，他从中立国身上得到新的启示——"人类和平完臻后，幸福的可能性"。这就为他回国后言说现代民主国家，提供了一个可资临摹的理想蓝本和思想资源(杨义，2004)。

1948年1月10日萧乾在《大公报》上发表社评《自由主义者的信念——辟妥协·骑墙·中间路线》，他呼吁用"民主"和"法制"促进"和平"的实现，强调一个自由主义并不是走中间路线的妥协骑墙者，他应当有坚定的信念和明确的责任以尽力促进国家民主的健康建设。同年2月7日，萧乾又在《大公报》上发表另一篇社评《政党·和平·填土工作——论自由知识分子者的时代使命》，再度重申了自由主义知识分子的言论立场与时代使命——"愿为国家建设做些填土工作"。而在新时期反思"文革"十年的历史伤痕时，萧乾与巴金重新站在一起大力呼吁"讲真话"的重要意义："有什么不比上下肝胆相照更有利于国家，有利于民族大业呢？"(转引自周黎燕，2006)迟暮之年萧乾坦陈自己"天生就是个自由主义者"。在他看来，自由主义既是一种理想，一种政治抱负，更意味着一种根本的人生态度：公平，理性，尊重大众，容纳异己。

第三节 "沟通土洋"——萧乾的中国文化译介

20世纪30年代，西方人常把中国视作"老古玩店"。"斯诺通过编译中国小说，想了解中国知识分子怎样看自己，他们是以什么为生活目的的。"（萧乾，2005）在斯诺的影响下，萧乾在看待中外文学的互译时，念念不忘的是在国际上争取现代中国的文化话语权，追求文化主体性。萧乾将翻译定义为中外双向阐释的"沟通土洋"。翻译作为文化活动的构成项，也不可避免地被赋予了文化兴国的使命，成为一种"集体无意识"。

1931年萧乾接受美国青年威廉·阿兰（William D. Allen）的邀请，在后者主办的英文刊物《中国简报》（*China in Brief*）上负责介绍当代中国文学，先后译载了鲁迅、郭沫若、徐志摩、闻一多、郁达夫等人的作品片段，并为沈从文出了个专辑，对这些作家作品进行简单评介。萧乾作为《简报》文艺主编，显示出开阔的眼界，把新文学运动第一个十年的成就，大体上包罗进去。除了刊出翻译的名作片段外，对这些名家做了粗浅的评介，还有一些民间文艺作品。发行人安澜在《简报》第8期（1931年7月29日）文艺专号里指出：

> 本期收入的作品，不管哪位美国读者都会认为可以列入世界优秀文学之林。这些作品全都是首次译成英文。忽视中国当代文学令人十分遗憾。大家只知道旧文化在瓦解，而没有看到中国正在建设新的文化。这种新生的伟大文化的影响之广泛，是它的古老文化所无法比拟的……美国对东方民族的精神财富如果知之甚微，当然不能满足创造未来美国新文化的需求。

中美合作出版的《中国简报》尽管不久就停刊，却培养了萧乾此后多年热心向海外介绍中国当代文学作品的志向，并爱上了文学评介的工作。在萧乾（1992）回忆录——《我的副业是沟通土洋》中提到安澜在《中国简报》创刊号上宣称："本刊最终目的是在读者心目中勾勒出一幅中国的画像。……无论写得多么荒谬，我们当时的用意无非是想让西方了解中国不仅有孔孟、有唐诗宋词，还有当代中国文艺家在观察着、思考着、谱写着人生。"

1932年，萧乾在辅仁大学英语系主任雷德曼，一位爱尔兰神父的鼓励下，在《辅仁杂志》（*Fujen Magazine*）上陆续翻译了三部戏剧作品，分别是郭沫若的《三个叛逆的女性》中的《王昭君》、熊佛西的《艺术家》和田汉的《湖上的悲剧》，

五四以来中英文化圈对话与互鉴研究

但刊出的具体期数目前无法考证。

美国记者埃德加·斯诺(Edgar Snow)在燕京大学教书时,萧乾修了斯诺的"特写"和"专栏"两门课。他回忆说斯诺平等待人,对中国学生充满了友好的感情。30年代斯诺在中国做了一件极有意义的事情,他和当时的妻子海伦花了大量心血把中国新文艺的概况和一些作品介绍给世界的读者,即出版《活的中国》(Living China: Modern Chinese Short Stories),"在国际上为我们修通一道精神桥梁"(鲍霁,1988)。同时,斯诺也接触到中国人的思想感情,对中国现实的认识来了个飞跃。

1933年萧乾开始同杨刚一起帮助斯诺选译《活的中国》第二辑。斯诺到中国后发现,汉学家只对中国古典文学英译感兴趣,在会见鲁迅和林语堂后,决定来填补现代文学这项空白,他找到姚莘农翻译了鲁迅的6篇短篇小说和一篇杂文。因为翻译是重担,他找到萧乾后,决定主要由这位年轻人承担。通过斯诺修改初稿后,萧乾学会了"文字经济学",即语言的简练明快,真切自然。斯诺的"出发点首先是通过小说来向西方揭示中国的现实",他们共同选出了包括柔石、茅盾、丁玲、巴金、沈从文等14位作家的17篇小说,还收录了萧乾的《皈依》和杨刚的"日记拾遗",让萧乾懂得文学作品要注意社会内容。这部《活的中国——现代中国短篇小说选》的英文版在1936年由伦敦乔治·G.哈拉普有限公司出版。萧乾把众多优秀的中国作家介绍到西方世界。这里每一篇都可以看到一个簇新的文化时期"人们具有怎样簇新而真实的思想感情"(Snow,1937)。

1939年10月,萧乾赴英国伦敦大学东方学院担任中文讲师,并兼《大公报》驻英特派记者;1942年夏,入剑桥大学王家学院英文系读研究生,主修文学。旅欧七年间,他同援华会、国际笔会和伦敦笔会中心以及剑桥各种社团往来频繁,多次进行关于中国的演讲,为介绍中国新文艺运动做了大量工作。萧乾在伦敦出版了五本深受欧洲读者喜爱的英文著作:《苦难时代的蚀刻》、《中国并非华夏》、《龙须与蓝图》、《吐丝者》和《千弦琴》,其中《吐丝者》和《中国并非华夏》等在欧洲两次印刷。在这些著作中,萧乾详细地介绍了现代中国的科学技术成就,以及战时的中国形象,从一个作家的角度,全面向西方读者介绍中国的现代文学。艾克敦在北京大学任教时和萧乾相识,他在伦敦与萧乾重逢,夸赞萧乾"见解论断已非常成熟。他是多产作家,用英文中文写过很多作品,跟他合作起来非常愉快"(傅光明、孙伟华,1992)。

当时英国知识界热衷讨论战后要个什么样的世界,哲学家罗素坚持认为物质文明是条死路,战后中国要致力于保存振兴古老的精神文明。萧乾"委婉地驳斥了那些劝阻中国走向现代化道路的好心人"。英国汉学家韦利醉心于中国的唐代文明,甚至为了维持脑海中的唐代中国形象而不愿来中国,萧乾带着"微微的抗议和热切的希望"指出国与国之间需要深入的了解,仅凭唐诗无法走进现代中国。诺丁汉博物馆馆长在听了萧乾的关于现代中国的演讲后,才知道中国并非仅是一个"老古玩店",并对中国的现代化进程表示了浓厚的兴趣。

《苦难时代的蚀刻》,是萧乾应贺尔门·欧鲁德(Horeman Orud)约稿,为他主编的"笔会丛书"写的一部书。该书向西方世界介绍中国的"文艺复兴",即白话文运动,分析了为何一直以来闭关自守的古老中国要进行这样翻天覆地的文学改革。萧乾把中国现代文学称为"正在成长的一棵幼树",并通过后续的几章接连描述了这株幼树在小说、诗歌、戏剧、散文和翻译各方面受到的磨砺和成长过程。在萧乾所描述的这幅文艺图中,有对战时中国文艺的思考,有对文艺发展趋势的分析,也不乏对重要作家作品的评析。《苦难时代的蚀刻》在英国出版后立即引起了当地媒体的普遍关注,纷纷载文回应。小说家约翰·汉普森(John Hampson)在《观察家》撰文说:"凡是有志于研究东西方关系的人,都应该仔细读一读萧乾这本文笔精炼而优美的论著。"英国《泰晤士报·文学副刊》1942年3月21日刊登了此书的佚名书评:"从这第一次的介绍中得知,中国新文学充满了活力。"萧乾对中国小说、诗歌、戏剧、小品文的简明评论,对一个几乎完全不了解的国家来说,是个有益的指引,同时满足了探索者们的欲望。同时,书评还指出,这种文学是人民建立的,艺术和社会的自觉还没有在文学中得到很好的融合(鲍霁,1988)。乔治·奥威尔致信萧乾,称《苦难时代的蚀刻》在他面前呈现了一个他以前一无所知的崭新世界,他由此知道了现代中国文学是

五四以来中英文化圈对话与互鉴研究

多么的生气勃勃。

在1942年10月出版的《中国并非华夏》中,萧乾介绍了中国历史、地理和抗战情况。当时的驻英大使顾维钧写了序言。在书的最后,萧乾展望战后中国的前景,指出1842年以来签订的一系列不平等条约,是中西相互了解的最大障碍,如今中国在抗御外敌中获得国际的帮助,中国将不再关起门来与世隔绝,"战后的中国将以其物质与文化潜力,协同各国创造一个更幸福、更清醒的世界而努力"(萧乾,1992)。

福斯特说《中国并非华夏》很可读,值得向人们推荐,他要去书店买一本来送朋友。他对萧乾的小说评价很高,觉得《篱下》中的每一个人物都刻画生动。《栗子》也很精彩,连福斯特的母亲都被故事情节所吸引。在《邮票》中,作者描写在强敌压境面前,有脊梁的中国人奋起反抗,福斯特则对政府不作为深感气愤。福斯特还从萧乾笔下的那些孤儿寡母的辛酸故事中加深了对贫困问题的理解。"从那些赤着脚饿着肚子的人身上,我才知道,跟东方相比,欧洲人的贫困简直是微不足道。"(《友谊公报》,1943年7月7日)

《龙须与蓝图》的副标题是"战后文化的思考",其中"关于机器的反思"是谈英国小说以及中国知识分子对机械文明的反应。《龙须与蓝图》由1942年作者在伦敦笔会中心为纪念弥尔顿"论言论自由"的发言扩充而成,另有两篇《易卜生在中国》和《文学与大众》。乔治·奥威尔对萧乾《龙须与蓝图》的书评,发表在1944年8月《观察家报》(*The Observer*)第6期上。奥威尔看到萧乾书中对机器引入亚洲感到突然和不安,这是由于西方文明首先是以"子弹"形式进入中国,然而到19世纪中后期,中国在危难关头改变了对机器的态度,却又走向萧乾所说的"盲目崇拜",科学研究大受欢迎,但是人们只对实用的感兴趣,而忽略基础理论研究。对此,萧乾的思考是在中国转向现代机器化国家后,古老的中国文化还能保留吗?他的答案是:中国同胞对单单的物质文明没有太大兴趣,因为他们的艺术传统根深蒂固,他用"龙须"代表传统书法及其古老文明。同时,中国必须要屹立于现代国家之林,即设计并走向现代化"蓝图"。中国应该走一条"龙须"与"蓝图"相互调和之路。奥威尔评述花一个小时读这本不厚的书是值得的,他也坦诚,欧洲对亚洲并不友好,在某些情况下有必要对此明说。

在科学技术方面,《龙须与蓝图》把整个世界比喻成一间教室,那么,在19世纪上半叶,中国才进入,更确切地说,被推入这间教室。他发现必须要取得毕业证书——"民族的生存权",否则就会灭亡。这个大龄学生不得不开始设计生活的蓝图,用功学习代数,设计排水系统,尽快成为一名制图员,学会踢足球。萧乾把龙须比作中国的传统,把蓝图和足球比作近代工业科技和国防。当近代中国在世界课堂上努力争取"民族生存权"这张"毕业证书"时,画蓝图、踢足球成为必修课。但龙须会一直"流淌在我们的血液中",等待真正和平的到来。"每当这时,这个颇有教养的大男孩子总是对他们笑笑,暗自说道:'不必为龙须担心,它在我的血液里,在我的天性之中。我不能放过这张毕业证,有了它,或许我能让你们都画龙须,这对你们也不是件坏事。'"(萧乾,2014a)他以此明确表达出,虽然中国探索现代化的道路充满艰难险阻,但我们终会走上现代化的道路,西方读者应当正确看待中国的发展和变革,"在一个充满强权、恐惧与挫折的世界里,每个人都必须踢足球,否则就会灭亡。但当真正的和平和安全有了保证时,希望我们都能回归各自的龙须"(萧乾,2014a)。

《千弦琴》于1944年6月出版,是一本介绍中国和中国文化的文选,长达500多页。书前有韦利的一篇短序,他认为萧乾做了件好事,就像中国早期的《昭明文选》和《玉太新咏》那样把许多佚作保存了下来。此书分成六大卷:"英国文学中的中国""欧洲旅行家笔下的中国""人物画廊""中西文化交流""有关中国文化和艺术""民间文学,包括民歌、儿歌、格言"。奥威尔评论道,萧乾先生没有职务上的身份,也没有直接的政治目的,他在过去几年出版的著作,对促进中英关系做出了贡献。萧先生的主要目的在表明自马可波罗时代以来欧洲人对中国态度的变化。大约在17世纪末,中国成为欧洲意识范围的一部分,成了《鲁滨逊漂流记》作者笛福恶意攻击的目标,中国到18世纪得到了西方报刊的好评,但招致约翰逊博士等的反对。萧先生引用德·昆西(Thomas De Quincy)一篇含有敌意的文章和约翰·斯图亚特(John Stuart Mill)略带贬义的话,还引了兰姆的《烤乳猪》,表现出恩主的有趣姿态,而利顿·斯特拉奇在论戈顿文章这

五四以来中英文化圈对话与互鉴研究

样的姿态实质上和兰姆一样。而狄金森生在《中国佬约翰的来信》中表明的对中国的热情颂扬是侮辱的一种狡黠方式。让奥威尔印象比较深刻的是18世纪末画家沈复的婚姻生活,还有三世纪的诗歌讲述一对年轻夫妇的自杀,他们牺牲在孝道的祭坛上。反家族制度的斗争有多大困难,读者可以从作家露骨的反传统姿态获知(鲍霁,1988)。

《吐丝者》(中译又为《蚕》)是萧乾自编自译的散文小说选集,收录有作者1933年至1937年间创作的十篇短篇小说和两篇散文,包括《蚕》《栗子》《邮票》《矮檐》等。这些作品大多以底层人民生活为背景,反映着现实,思考着人生,也充满了诗性。它们被英国的书评家称赞有诗的意境,萧乾写贫苦儿童的小说可以和法国作家都德的《小东西》媲美。

萧乾在《由外面看》一文中指出,现在的文化宣传出现了这样一种情形:读赛珍珠的人,便以为中国遍地是蝗虫;读我国人英文作品的,又以为中国还是亭台楼阁、垂柳牡丹。这足可见,"对于没有到过中国的人们来说,从文化作品里去了解一个陌生的国度是唯一的方式"。文学作品是文化沟通的桥梁,萧乾的自译作品中也十分看重对于中国文学的介绍,例如在《作为改革者的小说家》一文中,他介绍了鲁迅犀利的讽刺手法、郁达夫对于两性关系的描写、巴金的谴责精神等,通过向欧洲读者介绍现代中国的优秀作家及其文学作品,使欧洲读者对于中国文学只停留在"李白、古代诗歌"里的印象得到一定程度的改观。

萧乾所顾虑的仅是"如何"让文学翻译来指导创作的问题,如他在《〈王谢堂前的燕子〉读后感》中谈到,"我们如何对待外国流派的问题,是做它的奴隶呢,还是当它的主人"(萧乾,2005)。可见,萧乾翻译外国文学作品的意图是寻找文学创作的指导工具。傅光明则重点介绍了萧乾的英译中作品以及其"翻译不是拓版,而是要传神"的翻译标准。

萧乾在1930年至1944年之间的两个不同时期将五四新文学介绍到英语世界,符家钦(1986)侧重研究他在中西文化交流领域的重要性,"退回去半个世纪,一个人赤手空拳,全凭对祖国文艺事业的热情,依仗一管生花妙笔,把波澜壮阔的新文苑图景呈现在欧美读者的面前,算得是筚路蓝缕的先行者"。萧乾作品从多角度对外传播现代中国的形象,对于欧洲及世界重新认识现代中国、理解中国,有一定的现实意义。

萧乾(1936)曾说过:"倘若(在文学上)我什么也不曾找到,至少在这大时代里,我曾充当了一名消息的传达者。"萧乾在《一个乐观主义者的自白》(1982)里写道:"世界各国对中国文学,尤其是现代文学的重视远远不够。他们对中国现代文学远比我们对他们更无知。除了鲁迅等几位文学大师的代表作,国外对现代中国文学作品可以说十分冷漠。倘若文化真要'交流',就应当改变这种不平衡的局面。我们渴望了解世界,我们也有权利希望世界了解我"(鲍霁,1988)。

萧乾早年的文化译介活动是一个创举,其重大意义就在于它的先驱性和开拓性。萧乾是将五四以后的中国文艺作品译成英文向世界介绍出去的第一人。

小 结

萧乾崇尚独立不羁、自在自为的生命存在方式,选择不带地图浪迹天涯,他的身份是天津、上海、香港《大公报》文艺副刊主编,伦敦大学东方学院的中文讲师,是剑桥研究英国心理小说的研究生,是亲临欧洲战场《大公报》的战地记者,但他精神上更像一个四处漂游的波希米亚人,体现了自由知识分子在文学之路上的不懈追求和执着探索。

萧乾是一位当之无愧的中外文化交流使者,被符家钦誉为"文艺使者"。他在剑桥受到福斯特"自由主义"和"世界主义"的思想影响,也感受到福斯特对青年,对异域人所持有的那份深厚的感情。萧乾在向英语世界译介中国文学和传播中华文化方面更是做出了开拓性的贡献。他和夫人文洁若对乔伊斯《尤利西斯》现代主义杰作的翻译和传播是中国现代主义发展史上的一件重大事件。萧乾中外互译活动背后是"对本民族文化的国际影响的渴求",从这里可以看到

"活的中国的心脏和头脑,偶尔甚至能够窥见它的灵魂"(Snow,1937)。

萧乾以通讯、杂文、社评诸形式直接表达现代民族国家民主建制的社会理想与文学信念。中国不是华夏,不是一些西方人眼中的老古玩店,萧乾对现代化"蓝图"的借鉴,凸显文化主体性,走向现代化是现代中国的必然选择。正如杨义(2004)所论,"他'不带地图'的地图之根,还是在中国"。

第五章

旋转在静止中:
卞之琳和艾略特的"主智诗"

作为现代主义大师，T. S. 艾略特以创作现代派诗歌为西方文明把脉，同时把眼光投往东方，从中汲取营养，开具拯救良方。他和诗人埃兹拉·庞德（Ezra Pound），翻译家阿瑟·韦利定期在"星期一聚会"，组成掀起中国文化热的伦敦"诗人俱乐部"，这个文化小圈子还包括诗人兼画家的劳伦斯·宾扬。

卞之琳是20世纪中国著名诗人、翻译家和学者，尤以注重诗歌的理趣和哲思的主智派诗歌闻名于世。他出于"新月"，中连现代派，下启九月诗派，袁可嘉总结其诗歌融古化欧，有承上启下的历史作用和地位，并指出，从新诗流派的发展来看，形成新诗优秀传统中与现实主义诗歌平行发展的另一条路线。按照赵毅衡（2013c）的说法，"整个20世纪，卞之琳是缔造同步汇合的第一人"，其诗歌创作提供了中国现代史上一位和艾略特、W. H. 奥登等现代派诗人"同步"的中国现代诗人。本章节试图通过勾画艾略特和卞之琳之间的文化接触和交融，揭示中英之间的文化交流图景。

第一节　艾略特和"诗人俱乐部"

艾略特无疑生活在一个"中国热"的时代，当时西方文学艺术界对东方表现出极大的兴趣。劳伦斯·宾扬是大英博物馆东方书画部的负责人，经常在大英博物馆举办东方艺术的讲座，1908年出版了《远东书画》，在当时的英国算得上是创举。宾扬在"东方与欧洲艺术"演讲上盛赞中国艺术"特别现代化"。欧内斯特·费诺罗萨（Ernest Fennolosa）在日本东京帝国理工大学担任教授期间，学习日语和中国古诗。1914年他去世后，其遗孀将他的遗稿赠予庞德，其中有从日文译成英文的中国古诗和唐诗，庞德于1915年将费氏遗稿中的中国诗歌进行了整理和重新翻译，出版了《神州集》。艾略特将庞德翻译的中国诗歌视为英美现代派文学作品，他称庞德为"我们时代的中国诗歌的发明者"，并且大胆地认为"通过庞德的翻译，我们终于获得了原诗的好处"（Pound，1928）。

1910年，韦利加入了伦敦文化圈的"诗人俱乐部"，结识了庞德、艾略特和

五四以来中英文化圈对话与互鉴研究

叶芝等人。1913年到1921年,韦利和庞德、艾略特等人开始每周定期聚会,经常讨论诗歌及技巧等问题(Fuller,1970)。庞德在出版《神州集》时就与韦利讨论中国诗歌问题,在1915年出版《能剧:日本古典舞台剧研究》之际,庞德在序言中表达了对韦利的感谢。而韦利谈论庞德时说,"他所说的诗歌和创作诗歌的事情,是我一生中听过的最美好的话语"(Fuller,1970)。

继庞德之后,韦利翻译了中国诗歌小册子《中国诗歌》,使英国读者体验到中国诗冲淡悠远的神韵。韦利和庞德用自由诗体翻译中国诗歌,让西方读者惊叹中国古典诗歌的现代性。韦利毕业于剑桥大学古典文学系,应宾扬之邀,进入大英博物馆。他悉心自学中文和日文,研读中国和日本文化,成为宾扬的好搭档。1931年韦利译出《西游记》,让西方读者注意到道家和中国政治史的关系。赵毅衡称韦利为"书蛀虫式的语言天才",艾略特在称赞韦利的译作时则说,"东方文学对诗人的影响通常是通过翻译实现的……在我们这个时代,由庞德和韦利翻译的诗歌可能被每一位诗歌创造者阅读过"(Eliot,1949)。他强调的是通过有欣赏遥远文化的天赋的译者,让每一种文学都可能影响到其他人。

韦利"将一整个文明带入了英国诗歌"(Perlmutter,1971),他意欲以中国诗歌来革新英国诗歌传统。在出版《170首中国诗》时,他收录数篇介绍中国文学的文章作为序言,以此来表达自己的中国文学观。在《中国文学的局限》一文中,韦利指出了西方对中国文学的忽视,有学者认为中国没有重要的史诗、戏剧、小说。韦利却看到了中国人保留了西方人缺少的理性和耐心,其文学富于反省而非西方的逻辑推理。例如他在白居易的诗歌中看到了中国式的静思和内省,在诗歌中塑造对弈、练字的隐士形象,描写平静、祥和的田园生活。韦利也指出在诗歌修辞手法上,中国诗歌用喻较西方而言更为克制,然而过分用典却是中国诗人的恶习(Waley,1919)。韦利的中国诗歌翻译让罗素触摸到"远比西方更令人耳目一新、更精致的中国文化的精髓"(Perlmutter,1971)。

庞德的《神州集》和韦利的《170首中国诗》,都在20世纪成为英美现代诗人获取创作养分的资源。而中国古典诗歌也经由他们之手,融入英、美新诗的理念之中,成为其中的一部分。对诗人寒山的译介也是韦利的贡献之一。1954

年,他在文学刊物《文汇》上发表《寒山诗 27 首》,迅速在英美诗人中引起注意。寒山诗歌中蕴含的禅宗哲学带给英美现代主义者以深刻的启迪。

韦利在英国"布鲁姆斯伯里团体"是个边缘人物,却和庞德、艾略特等美国诗人过从甚密。赵毅衡(1985)认为,"阿瑟·韦利杰出的工作是新诗运动接受中国影响的主要途径之一,但是,应当指出,他的读者,他对诗人的影响,主要在美国"。特别值得一提的是,韦利对白居易诗歌的译介,直接影响了威廉·卡洛斯·威廉斯(William Carlos Willams)代表作《春天及万物》的遣词造句、思想理念和风格特征。甚至在美国现代主义诗人中分为韦利派和庞德派。前者仍使用正常英语,而后者进行句法实验(赵毅衡,1985)。

第一次世界大战时期的一代知识分子普遍感受到欧洲文明的崩溃,庞德对西方文明的批判将他引向了东方,引向了中国诗歌和哲学。早期的意象主义者很快拜倒在东方艺术的魔力之下,先是日本的俳句和短歌,后来就是以陶潜、李白、王维、白居易为代表的更为复杂而精致的中国诗歌(高奋,2012b)。庞德认识到愁苦题材可能是中国诗"现代性"的一个重要因素。在诗歌风格上,庞德指出中国诗体现一种"化简诗学",就是减少比喻而直接描写事物。借用中国古典诗歌的脱体句法,庞德保留了汉语诗本意的模糊性和诠释弹性。庞德对中国文化的热情,求新不息的异端诗学和创作实践,为英美诗歌突破学院派的束缚进入后现代,提供了经典式的前导。在庞德《华夏集》的影响下,20 世纪 20 年代的英美出现了模仿东方诗歌艺术的热潮。庞德声称中国诗人从不直接谈出他的看法,而是通过意象表现一切,"诗人找出事物明澈的一面,呈现它,不加陈述"。

叶维廉(2002)认为"意象并置"手法在庞德、史蒂文斯(Wallace Stevens)和威廉斯的诗歌中指向了一种"物自性"(thingness)诗学的可能,这种具有道家色彩的诗学思想为美国现代派诗人提供了一种摆脱西方思维困境的可能性。威廉斯的诗学思想——"事物之外,没有思想"(no ideas but in things)的观念就是指诗歌应该直呈物象。钱兆明在《"东方主义"与现代主义》一书中分析了李白《送友人》一诗的庞德译本中的"画质特征""形象并置"、色彩的运用以及道家的

"无言诗学"(poetics of silence)。钱兆明通过分析庞德和威廉斯诗歌中的中国文化遗产,指出东方文化中吸引英美诗人的因素"细致、准确、客观、倾心,与自然和谐融洽——这些特点无一不是现代主义运动的核心要素"(钱兆明,2016)。

赵毅衡在《诗神远游》中集中探讨中国古典诗歌如何改变了美国现代诗。20世纪的美国诗歌经历了两次"中国热",现代派诗人需要中国古典诗歌和艺术的支持,试图松动英国欧洲文化传统的束缚,摆脱学院派保守主义的压力。在第一次热潮中,对美国诗歌的影响尚停留在"中国文字、句法与情调"等形式上。然而正是中国诗歌中"克制陈述"的"零度风格"、直接呈现意象的简朴特色以及在翻译过程中呈现出的自由诗体,才使美国现代诗摒弃了19世纪滥情主义诗风,促进了美国自由诗运动(赵毅衡,1985)。50年代后期以来,经历第二次热潮的"中国式"诗人都倾心于道与禅,希望能够深入中国美学的核心。

叶维廉(2002)认为,道家美学以物观物、物我通明的美学策略为西方现代主义提供了一个有益的参照,同时"美国现代诗语法的调整——罗列句法,语法切断,空间切断迫使西方读者重新思维语言框限/构成观物形态的运作情况,从而打开寻求两种诗学美学交汇的可能"。叶维廉被美国著名诗人吉龙·卢森堡(Jerome Rothenberg)称为"美国现代主义与中国诗艺传统的汇通者"。他提出"东西比较文学中模子应用"的理论,即"西方的思维模子在字母系统下,趋于抽象意念的描述,直线追寻的细分,演绎的逻辑发展,而中国的思维模子趋于形象构思,顾及事物的具体显现,捕捉事物并发的空间多重关系的玩味,用复合意象提供全面环境的方式来呈示抽象概念"(叶维廉,2003)。他的研究跳出了中西古今的对立思维,在与西方文化比照和汇通的同时,使中国古代智慧为现代所用,换句话说,他在西方美学的语境中对中国道家美学进行了深入的研究。

美国诗人学者石江山(Jonathan Stalling)在《空白诗学:亚洲思想在美国诗歌中的嬗变》(*Poetics of Emptiness: Transformations of Asian Thought in American Poetry*)一书中,将研究重点放在了"嬗变"这个概念上,即研究佛教的"空"与道家的"虚"在传入西方的过程中发生了什么样的"诗学改变"。他认为在中国古典诗歌和美国现代诗歌中存在着一种"对无的崇拜"(cult of nothingness），他从叶维廉的比较文学的"模子"入手，试图找到一个超越叶维廉等人的新模式。石江山要做的不是叶维廉所说的"跨文化对话"（cross-, inter-, trans-cultural dialogue），而是"异质文化对话"（heterogeneous cultural dialogue）。

通过熟读庞德和韦利翻译的中国古典诗歌，艾略特不可避免地受到一些中国诗的影响。韦利就指出艾略特早期诗很少有西方诗传统的跨行句式，而是把语义停顿放在行末。批评家芭贝特·道依契（Babette Deutsch）认为艾略特诗歌《三圣者的旅行》，明显"有庞德印记"。弗莱契（John Gould Fletcher）指出此诗和庞德所译李白《忆旧游寄谯郡元参军》很相似。赵毅衡（1985）认为庞德所译李白诗给艾略特留下了极深的印象，"使他不自觉地（或自觉地？）采用了李白诗的展开方式"。

1934年，艾略特在《拜异教神》中说，"我对中国的智慧和文明怀有最崇高的敬意；我愿意相信中国文明鼎盛时期的优雅和卓越可使欧洲相形见绌"（Eliot, 1934）。艾略特在其后期重要作品《四个四重奏》中，他用"中国花瓶"比喻他对永恒世界的神秘体验：永远转动在静止之中，代表一种乱世中的宁静意境，符合中国古典哲学的思维模式。在艾略特笔下的玫瑰园，还出现了另一个东方意象，即代表佛教的莲花。玫瑰和莲花象征着神圣之爱，也含有世俗爱的意味。美国现代派诗人史蒂文斯的著名短诗《坛的逸事》，赵毅衡怀疑，其中象征着审美想象力的坛（the Jar）很可能是一个中国花瓶，而不是令济慈狂喜的希腊古瓮。他举出的旁证为史蒂文斯几乎在同期发表在《诗刊》上的诗剧《三个旅游者观日出》，其中的三个旅游者是中国人，令西方读者联想到东方三贤哲，他们是"画在瓷器上的三个人物"。

永远旋转，但又永远静止的"中国花瓶"还可能受到剑桥大学教授 I. A. 瑞恰慈《孟子论心》的影响，他曾在清华大学外文系任教。艾略特曾经批评瑞恰慈企图用诗歌来拯救现代人的灵魂（Eliot, 1975）。而经历了第一次世界大战之后的现代派西方诗人，和春秋时期的孟子同样生活在混乱时期，孟子提倡养气与修心，是一种逃避战乱的静心术，即在"旋转"中寻求"静止"。"旋转在静止中"是一种悖论性哲思，与孟子的"心性观"颇有相似之处。作为新批评理论家，瑞恰慈从"中国如何走向世界"的角度看问题,他痴迷于孟子哲学,中国艺术家和他所冥想的客体和谐一致。

叶维廉在《静止的中国花瓶:艾略特与中国诗的意象》一文中,找到艾略特诗中的中国元素,如"压缩的方法"和"连接媒介"的省略。由于文法构成的独特性,中国诗具有一种神奇的含蕴,微妙的亲切的美(叶维廉,2003)。张隆溪在《道与逻各斯》中论述了《四个四重奏》中"无言"的力量、"空白的意义",其中第一首《烧毁的诺顿》中说:"词的辛劳,/在重负与紧张中破碎,断裂/它由于不精确而滑落、溜走、灭亡/和衰落",语言在所要表达的东西面前苍白而无力。他认为艾略特的"旋转世界的静止点"表示了一种不可言说的真实,和中国哲学中的"道"类似。张隆溪认为东西方思想存在着某种对应性,即"道"对应着"逻各斯"。

艾略特自身也特别强调国际文化的相互交往,"那种自愿闭关自守的民族文化,或者那种因其不能控制的环境所造成的同其他国家的文化相隔绝的民族文化,将由于这种隔离而受害。此外,那种接受外来文化而又不能反过来提供任何文化给对方的国家,和那种企图将自己的文化强加于其他国家,而又不能反过来接受对方的任何文化的国家,都将因为缺乏这种相互交流而受害"(Eliot,1949)。

第二节 卞之琳现代诗译介和创作

卞之琳在北京大学求学期间,新月社灵魂人物徐志摩教他二年级的英诗课,在课堂上徐志摩主要漫谈雪莱。受到徐志摩的推荐,卞之琳的一些习作在《诗刊》等刊物上发表,他很快在诗坛站稳脚跟。当时在北大任教的英国爵士哈罗德·艾克敦在1933年第一次在英国文学课上把艾略特的《荒原》和劳伦斯的《查太莱夫人的情人》列为课文。卞之琳在跟随一位瑞士兼课教师学了一年法语后,开始从原文读自波德莱尔开始的法国象征派诗,他读诗的兴趣,从英国浪漫派转到法国象征派方面。徐志摩也把卞之琳翻译的马拉美(Stéphane Mellarmé)短诗《太息》刊登在《诗刊》第3期上,那已然是地道的象征派诗歌。

然而卞之琳不久便超越了"新月",江弱水认为帮助他实现这一超越的是法国象征派诗人,尤其是魏尔伦(Paul Verlaine)。赵毅衡和张文江比较了卞之琳的《夜风》和魏尔伦的《智慧集》第3部第6首之后,指出,"卞之琳最早的诗作中,也有一些诗刻意追求魏尔伦式的密集音韵"(曾小逸,1985)。江弱水比较魏尔伦的《秋歌》和卞之琳的《胡琴》,得出结论,前者里的"提琴的怨泣"换成了"胡琴"低诉的"哀愁","秋风"和"落叶"也一致。受到魏尔伦感染,从有趣的"小东西"(minorobjects)写向"无限","色调是淡淡的,常常是一片迷离惝恍。语调是缓缓的,在低沉的旋律中传递出微妙的情愫"(江弱水,2000)。1932年,卞之琳在《新月》第4卷第4期上发表了他译的尼柯孙(Harold Nicolson)的《魏尔伦与象征主义》,他在文前加一按语,谈到"其实尼柯孙这篇文章的论调,搬到中国来,应当是并不新鲜,亲切与暗示,还不是旧诗词底长处吗?"(卞之琳,1932)这也解释了卞之琳"最初读到二十年代西方现代主义文学,还好像一见如故。有所写作,不无共鸣"(高恒文,2009)的原因。

1933年,卞之琳翻译《恶之花零拾》10首,另译有波德莱尔(Charles Pierre Baudelaire)诗歌3首和散文诗1首。受到波德莱尔描写巴黎街头穷人、老人和盲人的启发,卞之琳在这一时期的诗歌中更多地写北平街头的灰色景物。江弱水(2000)指出卞之琳1930—1934年间的诗中最常见的背景是秋天的气候,黄昏的光景,一个秋日夕阳下的荒凉世界。汉乐逸(2010)认为这些意象加强了厌倦、沮丧和无望的感觉。卞之琳几乎以白描手法勾勒出灰色的街头小人物形象,他们共同的精神状态是麻木、呆滞、无聊、无奈。《一个闲人》中的闲人,手叉在背后,低着头闲逛,手里捏着两颗小核桃,"不知磨过了多少时光",浑浑噩噩,空虚委顿。《一个和尚》中的和尚本该比善男信女清新,却也做着苍白的深梦,"厌倦也永远在佛经中蜿蜒"。麻木、冷漠、苟安、平庸是北平市民的,也是东方古国国民普遍的精神病症,这是封闭、停滞的中国社会历史促成的,又是长期残酷的专制统治与精神统治的治绩(陈丙莹,1998)。

五四以来中英文化圈对话与互鉴研究

1979年,卞之琳翻译了瓦雷里(Paul Valery)的《海滨墓园》等4首晚期名作,发表于北京《世界文学》1979年第4期上。而早在20世纪30年代,他就在《小说月报》上阅读了梁宗岱翻译的瓦雷里的《水仙辞》以及介绍文章《梵乐希先生》(即瓦雷里),卞之琳感到耳目一新,尤其是对梁宗岱阐释瓦雷里和里尔克(Rainer Maria Rilke)的创作精神大受启迪。江弱水注意到瓦雷里的《棕榈》诗中"时间磨透于忍耐"和卞之琳《白螺壳》中"我感叹你的神工/你的慧心啊,大海"主题相近,两首诗一样,都是"沉默,忍耐,而终底于有所成的生命史"(卞之琳,1982)。江弱水直言卞之琳"喜爱淘洗,喜爱提炼,期待结晶,期待升华"(高恒文,2009)的创作理论来源于瓦雷里的诗教(江弱水,2000)。卞之琳自己评论瓦雷里的《海滨墓园》的"主旨是建立在'绝对'静止和人生的变易这两个题旨的对立上,而结论是人生并无智性的纯粹……因而肯定现在时,肯定介入生活的风云"(卞之琳,1996)。瓦雷里善于从心智出发,因意立象,以可感的文字为其思辨活动的载体。而卞之琳1935年以后创作的《距离的组织》和《圆宝盒》明显受到瓦雷里象征主义技法的影响,以一系列意象来揭示微妙的心智活动。卞之琳还套用了瓦雷里卓绝的形式来写诸如《空军战士》,在其中卞之琳用每行两顿5个汉字来建构十四行诗,且显示出新诗与五言旧体诗的区别。

卞之琳翻译的马拉美的《秋天的哀怨》中,有一句令人印象深刻:

> 我挨过了长日子,独自同我的猫儿,又独自同罗马衰亡期的一个晚辈作家;因为自从那人儿不再了,真算得又希奇又古怪,我爱上了的种种,皆可一言以蔽之曰:衰落。所以,一年之中,我偏好的季节,是盛夏已阑,清秋将至的日子;一日之中,我散步的时间,是太阳快下去了,依依不舍的把黄铜色的光线照在灰墙上,把红铜色的照在瓦片上的一刻儿。对于文艺也一样,我灵魂所求,快慰所寄的作品,自然是在罗马末日凋零的诗篇了。(卞之琳,2003)

汉乐逸注意到这些文字让人想起卞之琳早期渲染秋天氛围和描绘落日余晖的荒凉,甚至《距离的组织》开篇也有呼应:"想独上高楼读一遍《罗马衰亡史》/忽有罗马灭亡星出现在报上。"卞之琳在技巧上无疑受到瓦雷里《海滨墓园》《棕榈》等诗歌的影响,也多少受到尼柯孙观念的触动,"杰作应当到了表面上是结尾的地方才开头","在后面得留下不曾表白出来的颤动"(汉乐逸,2010),实际上,他的许多战前诗由于运用了许多非常隐晦的意象,都指向了马拉美所标榜的"关于存在的神秘感"(Hartley,1965)。

卞之琳和纪德(Andre Gide)的渊源长达15年之久,他自1934年就译出纪德的《浪子回家》,1935年译齐《浪子回家集》,后作为《文化生活丛刊》之一于1937年出版。1936年译出纪德的长篇小说《赝币制造者》,可惜全稿在抗战中遗失,仅刊出一章,1937年又译《赝币制造者写作日记》《窄门》和《新的食粮》。1941年重印《浪子回家集》,卞之琳为之写译序。1942年写作长文《纪德和他的〈新的粮食〉》,后为《新的食粮》出单行本的序言。1946年为《窄门》的出版写译序。纪德作为散文家对诗人卞之琳的影响可能较为隐秘,张曼仪谈到纪德的思想观念仅仅在卞之琳的小说《山山水水》中留下踪迹(张曼仪,1989)。实际上,纪德作品的现代派色彩鲜明,其文体融诗性与哲理于一体,"其实纪德的每一本书都是诗与哲学的结合"(卞之琳,1982)。江弱水则认为纪德对卞之琳的历史观和人生观影响甚深。纪德以"多变"著称,尤其50岁后在政治思想上两度"转向",引起很大反响。卞之琳探究纪德的复杂性和流变,反映出西方自由知识分子在思索现代人、人性和人生时出现的困惑、苦闷。卞之琳从他的激变中提取出一个"螺旋式上升"的模式,"因为超越前去也就是进步,这也就是纪德的进步,螺旋式的进步"(卞之琳,1982)。卞之琳的人生哲理进一步发展为一种更具思想活力的"天行健"观。在纪德《新的粮食》译者序中,他肯定书中"天行健"或新陈代谢的永生观念,又在具体的形象里化了一次身:"每一朵花该为果子而凋谢,果子若不落地,不死,就不能准备新花,是以春天也倚仗冬天的丧忌。"卞之琳评论纪德具有追求无尽的浮士德精神,且每一度创作也就是"宁静的一度结晶"(卞之琳,2002)。

卞之琳和奥顿的交集始于1938年,这一年奥顿和小说家衣修伍德访问中国并合著《战地行》,其中20余首十四行诗《战时》受到评价界的高度赞扬,卞之琳翻译了其中好几首诗歌。人们将卞之琳用十四行诗格律写于1939年的《慰

五四以来中英文化圈对话与互鉴研究

劳信集》与奥顿的诗歌相比较,王佐良(1983a)评价道:"这是一个诗人对另一个诗人的欣赏,没有屈就,也没有高攀,而是带着自信,因为这位中国诗人刚刚完成了一件困难的工作:用那谨严的西欧诗体写出了中国战场上的'感情的洪流'。"奥顿将当前具体事件放在整个文明的背景下进行审视,并思考人类的境况。卞之琳的《慰劳信集》在主题上靠近奥顿,是一部亲切而严肃、朴实而崇高的诗集。没有诗化的词语,不作豪迈的高调,历史的伟业体现于平凡的事实,"感情的洪流"出之以冷静的态度,松动的风姿见于谨严的形式,处处与奥顿相通(江弱水,2000)。

西班牙散文家阿左林(Azorin)在30年代曾风靡中国读书界,1934初年卞之琳集中翻译他的小品文。阿左林擅长以亲切的笔调,从平常的琐事入手,描写小城镇小人物的灰色又不幸的生活,笔调相当忧郁,卞之琳(1981)也曾说过:"我们干枯的乡土"产生了"我们民族的忧郁。"张曼仪(1989)指出阿左林散文"能掌握到重要细节,来一笔轻描淡写便足以透过事件把作者的感性揭露无疑"。江弱水留意到同时期卞之琳笔下的北平也是如此,只不过剔除西班牙民族的悲惨的宗教气息,加上点中华民族的苦中作乐、故作达观(江弱水,2000)。卞之琳翻译《阿左林小集》有个日记断片,"做酒囊的匠人在街上工作。天上的蓝;这些皮匠的缓慢、有规律的动作。独一无二的瞬间。另一个动深情的瞬间。这些匠人沉默的、平静的工作在鲜明的日光中,诗人则工作、沉思在上边,在窗后"(卞之琳,1981)。诗人在一刹那间一心等待"黑天上掠过去,划过去的一颗流星","那颗横过大千世界的流星的回声,哪怕是极微小的一声"(卞之琳,1981)。

自艾略特始,在西方现代主义诗歌中强调智慧之美。西方智性诗的传统,可追溯到出现于17世纪英国的"玄学诗"诗派。此诗派后来受到了新批评派奠基人艾略特的推崇:艾略特将玄学诗看成是英诗的正宗而否认以浪漫派诗为正宗,他认为是玄学诗构成了英国诗歌传统的主流。《新月》"海外出版界"专栏译介了英国文学批评家利维斯(F. R. Leavis)的《英诗之新平衡》一书的主要内容,他评价艾略特的《荒原》"是集中整个人类意识的一种努力",英诗脱离浪漫派而走"其他的路径","大半由于艾略特的努力。他已经做了一个新的开始,树立了新的平衡"(1933年3月1日《新月》第4卷第6期)。

叶公超是把艾略特的诗歌与诗论介绍到中国的第一人,他在英国剑桥大学留学期间,和艾略特经常见面,跟他很熟。叶公超归国后常在新月派的主要阵地《新月》撰文,他注意到以艾略特为代表的现代主义诗人追求"冷淡的客观主义",以及"理智性的中立态度",在现代社会科学的影响下"人类从此就有了新觉悟、新理智、新眼光"(叶公超,《写实小说命运》,载《新月》第1卷第1期)。后期《新月》译介并刊载了《荒原》这首诗,由叶公超的学生赵萝蕤翻译,她的《荒原》翻译是艾略特这首具有划时代意义诗歌的第一个汉译本。

高明翻译了日本阿部知二所著《英美新兴诗派》一文,比较系统地介绍了艾略特的主要诗学理论,即"主知的方法论","很明显地是和古典文学相通的",但"并不是纯粹的古典主义",而是继承了爱伦·坡等诗人的"系统",因此,"睿智(intelligence)正是诗人最应该信任的东西"(《现代》1932年2月第2卷第4号)。周煦良翻译了艾略特的论文《诗与宣传》,介绍了他有关"最高的哲学应该是最伟大的诗人的最好材料"的诗学观,诗人的高下与诗中表现的哲学是否伟大以及表现得是否"圆满和精到"有密切关系,诗应当"创造由理智成分和情绪成分组成的各种整体","诗给情感以理智的认可,又把美感的认可给予思想"(1936年10月10日《新诗》第1卷第1期)。当代学者刘燕(2000)总结说,现代派诗人们认同艾略特代表的反浪漫主义的诗学观,热衷于创作"以智慧为主脑"的主智诗,它们"以不使人动情而使人深思为特点","极力避免感情的发展而追求智慧的凝聚"。

在其著作《现代诗歌理论:渊源与走势》中,新诗研究专家蓝棣之(2002)曾指出卞之琳在1935年"声音"的"忽变","决定性的原因是他在1934年春初,遵叶公超之嘱,翻译艾略特的重要论文《传统与个人才能》"。卞之琳说:"他(叶公超)特嘱我为文学创刊号专译 T. S. 艾略特著名论文《传统与个人的才能》,亲自为我校订,为我译出文前一段拉丁文 motto。这些不仅多少影响了我自己在30年代的诗风,而且对三四十年代一部分较能经得起时间考验的新诗篇的产生起

五四以来中英文化圈对话与互鉴研究

过一定的作用。"(高恒文,2009)译文发表于该年5月1日出版的《学文》第1卷第1期上。

卞之琳诗歌中体现出的充满哲理意味的思考,便可以认为是受艾略特的影响。他在《雕虫纪历(1930—1958)》的自序中将诗分为三类:智、情、感觉。而"智"一类体现了新批评派智性诗的理念,"所有能自树立的诗人又无不有其哲学,无不有独特的对人生宇宙的见解,而这种见解又必然蕴蓄浸润于其诗中"(赵毅衡、姜飞,2009),也就是说情感的抒发要做到与智慧结合,且不便过于直露浅白。

艾略特为20年代的欧洲描绘了一幅图景:一片精神荒漠。他塑造了寻求灵肉结合的个人形象,追索者的失败反映出资本主义世界已陷入社会危机和精神危机的困境。穆旦判断,艾略特等在一片"荒原"上苦苦繁殖,"把同样的种子移植到中国来,第一个值得提起的,自然是《鱼目集》的作者卞之琳先生"。在《雕虫纪历》自序中,卞之琳(1979)说:"写《荒原》以及其前短作的托·斯·艾略特对于我前期中间阶段的写法不无关系。"在卞之琳笔下,既有西方文明没落的困境,也有20世纪30年代中国真实的黑暗人生的社会背景。他前期诗歌经常闪现着一个苦闷青年的形象,一个多思者。《道旁》的倦行人和异乡人,《水成岩》里的沉思人,他彷徨于"夜心里的街心"(《夜心里的街心》),踯躅于雨中(《夜雨》),或四顾茫然于黄昏,"像在荒野上不辨东西"(《黄昏》)。唐祈(1990)认为,卞之琳诗中"尤其是倦行者对人生无定的漂泊感,是现代派诗中突出的主调"。

卞之琳的名作《春城》发表于他翻译《传统与个人才能》时,《春城》也揭示了一个荒原主题,与艾略特《荒原》中城市的隐喻一样,描写的也是城市中人们的精神麻木和堕落。在赵毅衡、张之江讨论的基础上,江弱水指出卞之琳的《春城》对艾略特《荒原》的技巧之借鉴。它显然援引了《荒原》的"蒙太奇"手法,以内心的逻辑整合表面上零乱的场景与对话。张曼仪(1989)认为《春城》"通篇用说话的调子;不是单一的调子,却是几种不同的声音",其中有洋车夫在调侃,有流行俗曲"我是一只断线的风筝",有悲哉"古都奈何"的哀叹,有歇斯底里的释怀。汉乐逸(2010)评说《春城》表达的是"失根和隔绝"的主题。普通人"春梦做得够香",与豪门的"花街""游春""看牡丹""看樱花"相呼应。"琉璃瓦"暗喻的昔日辉煌在"垃圾堆"上沦落,也似《荒原》里古希腊"白银与黄金"的荣华蒙尘于弃满空瓶、废纸、烟屁股的河边(江弱水,2000)。江弱水还注意到艾略特在《荒原》中对读者的预警:"一堆破碎的印象"用以"支撑我的废墟",与之类似,卞之琳的《春城》给读者的信息是"那才是胡闹,对不住"。

由于对西方现代思想的吸收,卞之琳表现出了中国诗坛少见的时空意识(李怡,1997)。《距离的组织》诗一开始主人公正在读报,报上有罗马灭亡星出现的消息,联想到罗马衰亡与其时的中国情形类似,诗人解释(这里涉及时空的相对关系);"寄来的风景也暮色苍茫",表面是风景片,实体是友人所在地的暮色(这里涉及实体与表象的关系);随后诗中的"我"进入梦境(是人生际遇与心理状态下的时空感受);戏弄盘舟一行,海船是宏观,盘舟是微观(这里从幻想的形象中涉及微观与宏观世界的关系);最后"我"被来访友人唤醒,"五点钟"和"雪意"是客观存在,在"我"的觉识里,则是"友人"带来的(这里涉及存在和觉识的关系)。全诗的总体感受就是复杂的相对关照中对世界苍茫时空的审美认知(陈丙莹,1998)。诗人为了便于读者理解,不断增加注释,在形式上就已经颇类博学的艾略特。

小 结

哈罗德·布鲁姆(Harold Bloom)提出:"影响即误读"的著名命题,影响"取决于误读或误解———位诗人对另一位诗人所作的批评、误读或误解",影响也意味着互文性,"不存在文本性,而只存在'互文性'"(布鲁姆,2008),布鲁姆影响诗学始终关注的是影响的焦虑在迟来诗人身上迸发出的修正冲动,影响的生产性就落实在强者诗人创造性误读上,诗歌创造最终依赖的是迟来诗人在和前辈诗人在审美竞争(Agon)中自我意志的强力意态,即是说,影响的生命性嬗变成审美原创性,"影响证明是一种选择和生产过程,让新的意义得以形成"(齐马,2009)。艾略特和其伦敦文化圈中的"诗人俱乐部"在20世纪初期发展了对中国文化的探究、翻译和借鉴。韦利和庞德用自由体翻译中国古典诗歌,使诗歌创作和翻译融合在一起,也让西方读者惊叹于中国古典诗歌的现代性。通过创造性误读或有意借鉴,他们试图利用中国古典诗歌艺术挣脱英国-欧洲文化传统的桎梏,摆脱学院派保守主义,建构一种新的、复数的、多元的现代性,获得一种超越狭隘民族主义的文化认同。

王佐良(1983a)说,卞之琳"倾听来自欧洲的几乎全部有新意的芦笛声",成为当时介绍西方现代派文学最积极的翻译家之一。董洪川(2004)看到中国现代文学发展的一个重要又普遍的现象:翻译和创作的互动。从鲁迅、郭沫若、徐志摩到卞之琳等现代文学大师,都是集翻译家和作家于一身,他们不仅在翻译外国文学中扩大了视野,更通过翻译吸收和接受了外国文学的影响,丰富了自己的创作。王佐良指出现代派诗人的译诗与写诗的"同步"现象,这种"同步"乃是译者与所译对象"双向交流"的结果。卞之琳作为新诗发展中承上启下者,其智性的诗学追求中既有古典文学的传统,又有对现在自然科学的观照;既有新月派的细腻情愫,又有现代派的理性反思。在中国现代新诗的发展中,诗歌智性化正是对五四以来狂飙高歌写作风潮的反驳,一如艾略特标榜玄学诗理念以反对强弩之末的浪漫主义。在主题刻画中,卞之琳尤其关注苟安、平庸的北平市民,无所事事的闲人,灰色的街头景物,秋日夕阳下的荒凉世界,又常常以多思者、倦行者和异乡人的形象去表现青年人的苦闷无依,揭示出专制统治下人们普遍麻木、冷漠的精神状态以及人生无定的漂泊感。

第六章

意义的意义：
瑞恰慈和赵毅衡的形式论

第六章 意义的意义:瑞恰慈和赵毅衡的形式论

瑞恰慈无疑是 20 世纪英美形式论的第一个推动者,他在《文学批评原理》(*Principles of Literary Criticism*)一书中,提出在文学理论中引入语义学和心理学的主张。就此,语义学成为新批评派的理论基础,而心理学却受到形式文论的强烈反对。在《实用批评》(*Practical Criticism: A Study of Literary Judgment*)一书中,他则总结了其诗歌教学实验方法为新批评派的细读批评方法提供了依据。赵毅衡(2013b)指出这两门学科都和瑞恰慈的终身中国梦想结合起来。

20 世纪 70 年代末以来,赵毅衡由瑞恰慈新批评研究入手,一直在研究形式分析,思考对象一直是形式:叙事的形式,语言文学的形式,艺术的形式,作为符号集合的文化形式。90 年代他开始做文化研究,并由此发展出形式-文化论。进入 21 世纪以来,赵毅衡集中精力细究符号学,对形式理论进行综合,他对意义的追寻贯穿其学术生涯。

第一节 瑞恰慈的中国梦想

瑞恰慈对人类文明通过沟通、交流、理解,达到人类心灵的和谐状态持有乐观态度。诚如狄金森有两个文化理想,一个是希腊,另一个则是中国。瑞恰慈首次接触中国文化,正是从读狄金森的《现代论集》开始的,瑞恰慈接受了狄金森对中国的美好印象,并从此在他的中国观打下了一个不可磨灭的精神底色。美国著名文学批评家韦勒克(René Wellek)(1991)也曾说过,瑞恰慈相信人类的基本统一,相信从柏拉图到现时代的传统的连续性,相信最不相容的文明——中国文学与英国文明的交汇,相信古往今来诗歌的医疗效果和文明力量。诗歌能够控制混乱的世界这种看法,成为 20 世纪批评理论的重要原则。瑞恰慈期望诗歌起到拯救人类的作用,就是因为它使激情得到控制,获得平衡。他认为诗歌可以通过组织人们各种冲动的情感来"拯救"人,塑造出较好的公民。瑞恰慈也曾援引中国古代的中庸观念,阐述自己的"冲动平衡"观念。

1922年,瑞恰慈和奥格登合作写出他的第一本著作《美学原理》(Foundations of Aesthetics),其中他就以儒家中庸哲学为指归,着意使用中国哲学以解决西方思想的传统命题。正是从朱熹对《中庸》的诠释中,瑞恰慈得出了"真正的美的综感"(synaesthesis)这一结论,成为30年代新批评派"包容诗论""张力论"等的基础。1924年,瑞恰慈在《文学批评原理》一书中提出了"包容诗"(poetry of the inclusion)与"排他诗"(poetry of the exclusion)的概念。前者多出自杰出的作品,其中必然包容对立经验的平衡,代表着最有价值的审美反应基础。而"排他诗"仅仅满足于有限经验的诗,价值也较低。在现代评论家眼中,只有莎翁的悲剧、多恩的玄学诗及艾略特以来的现代诗才称得上是"包容的诗"。因为它们都包含冲突、矛盾,而像悲剧一样地终止于更高的调和。它们都有从矛盾求统一的辩证性格。而唯情的19世纪的浪漫诗和唯理的18世纪的假古典诗都是"排斥的诗"。它们只能容纳一种单纯的,往往也是极端的人生态度的诗,结果一则感伤,一则说教,诗品都不算高(袁可嘉,1988)。瑞恰慈的"包容诗"观念被新批评派看作"张力论"的基础。阿伦·退特(Allen Tate)把"张力"这个物理学概念运用到文学批评中,"张力"表示字面意义和隐喻意义共存,即既有明晰的概念意义,又有丰富的联想意义,两者互为补充。诗是一个统一体,优秀诗歌的整体性在于抽象和具体、普遍概念和特定意象的有机结合。

瑞恰慈所说的"包容诗"与儒学的中庸之道有关。他在《美学基础》卷首引朱熹题解"不偏之谓中,不易谓之庸,中者天下之正道,庸者天下之定理"(朱熹,《中庸章句》引程子曰)。他认为"平衡"(中)和"和谐"(庸)是艺术作品所取得的最高品质。瑞恰慈所说的"包容诗"实为中和诗,他认为好诗总是各方面平衡的结果,对立的平衡是最有价值的审美反应的基础。可见瑞恰慈想建立一种以中国儒家思想为基础的文学观念,即"中和"的文学观。"中和"是中国传统文化的一种审美形态,它的灵魂是儒家哲学(葛桂录,2009)。中庸就是避免极端,要避免走上极端的一个重要手段是在一个事物的两个极端之间找到一种张力。不是靠着消除"极"的存在,而恰恰是通过对"极"的价值的尊重与兼容。只有在两极共存的情况下,我们才能找到张力,找到中庸之道。

瑞恰慈一生到过中国六次,对中国几乎是一往情深,如他自己在《我基本上是个发明家》一文中所言,中国经历是"塑造我生命的事物之一"(童庆生,2004)。1929 年 9 月 16 日他到清华大学任教的第一天,在迎新开学典礼上发言说,"我是二种文化的接键",是剑桥大学和清华大学两所大学之间的一个使者,"谋'国际谅解'和建设一个'世界文化'的使命"。瑞恰慈既是中国英语语言文学和比较文学的奠基人之一,也是中国外语教学法研究的创始人。他把语言学、心理学、文艺批评理论和教学实践引进中国,促使中国学界大规模融会中西方文化,为推进世界文明共同发展做出了杰出贡献。他在清华大学开设了"比较文学"和"比较文化"两门课。他还在燕京大学主讲"意义的逻辑"与"文艺批评"。

瑞恰慈和中国学者交流的结果就是写出了西方孟子思想研究的重要著作《孟子论心》(Mencius on Mind),他采用语境理论,反复推敲孟子的"心""性""志"等概念的确切含义,并得出结论:沿着孟子的"心性"论方向走,知识就得到一个内求于心的向度。瑞恰慈约请四名中国专家如黄子通、李安宅等人一道研究《孟子》文本。根据李安宅(1934)的记录,瑞恰慈"暇时与燕大国学研究所及哲学系同仁讨论《孟子》关于心理各篇章"。葛桂录(2009)认为这项工作的意义主要不是要为西方读者提供另一种儒家经典文本,而是通过《孟子》中所透露出的文本含义的多样性,反映语言译介交流的困难及其预期展望,同时又表明这种跨文化交流的困难是可以克服的,迄无联系形形色色的文化可以融入一个和谐的知识实体。

《孟子论心》有个副标题名为"多义性实验",所谓"多义",也即"含混、歧义、复义"等。瑞恰慈曾对诗歌语言与科学语言进行区分:科学语言诉诸科学性,与规定性、单一性相联系,排斥歧义;文学语言则模糊、含混、有弹性与柔韧性,还具有微妙意蕴。他在《修辞哲学》(The Philosophy of Rhetoric)中反复论述了文学语言的多义性与复杂性。正是文学语言的柔韧性与微妙性构成了作品语言的多义性。

五四以来中英文化圈对话与互鉴研究

和胡适在《中国哲学史》中宣称的"中国传统哲学只有历史意义,无益于现代"观念相反,在《孟子论心》序言中,瑞恰慈认为西方的清晰逻辑正需要"语法范畴不明"的中国思想方式加以平衡。清华大学教授翟孟生(R. D. Jameson)评价该著作时曾说:"他给我们的贡献,与其说是分析了孟子自己底(的)心理或者孟子所冥想的心理,都不如说是解除了西洋人底(的)困难,不致再受西方逻辑与科学所自产生的语言习惯的束缚……在一种意义之下,吕氏系以孟子为例表演他自己对于语言分析、翻译、解释,以及并列界说(multiple definition)等所有的见解"(翟孟生,2003)。

瑞恰慈在30年代初成为奥格登发起的"基本英语"(Basic English)运动的领袖,他借助系列的"图解语言课本"配合幻灯、影片、录像片和录音机来教授语言,试图将语言学与心理学结合成一种社会实践。这个语言运动有两个目的,一是扫盲普及成人教育,二是创造一种世界语。瑞恰慈坚持认为中国是该基本语试点的理想国家,1936年4月起,他和妻子待在中国几乎有三年时间进行英语教师的训练活动,其工作既得到包括教育部部长王世杰在内的中国政府官员的支持,也得到了胡适、赵元任、叶公超等学者的鼓励。在他的鼓动下,中国教育部下属的中学英语教学委员会制定了中学基本英语教学的具体计划,并提出了实施这些计划的实际方案,后全面抗战爆发,该计划才搁浅。直到1938年,战局不稳定后瑞恰慈夫妇才不得不撤离。1950年瑞恰慈再度来到北京,很快因抗美援朝战争爆发,其语言乌托邦的梦想难以为继。一直到1978年,85岁高龄的瑞恰慈接到北大校长周培源寄来的礼物,决定重回中国,再续基本语的理想。1979年5月他在桂林、杭州、上海、济南等大学巡回演讲后,6月到青岛后病倒,用火车送到北京协和医院后陷入昏迷,中国政府派医生护士送他回英国剑桥,但他一直没有醒来,于9月去世。

选择中国作为基本英语的试点地,一方面展示了瑞恰慈对中国的深厚感情。瑞恰慈在1973年曾作过一番预言:"大约在未来十年,它将成为一种需要,尤其与中国有关,因为目前中国最严重短缺的就是会讲哪怕是中级英语的人。"(童庆生,2004)另一方面,与他旨在消除人类交流的误解的使命感有关系,而交流中的误解更是直接导致了野蛮战争与人类的灾难。他的确把基本英语看作世界通用语,而中国作为世界上人口最多的国家,是他实现人类交流梦想的最理想的国家。然而基本英语在中国的推广最终走向失败,除了有战争的原因之外,早在1933年,中国报刊上就出现了抵制基本英语的文章。整个基本英语事业显示出的帝国主义性质,让当时具有强烈民族情感的某些中国知识分子难以接受。童庆生(2004)分析说:"伯特兰·罗素早在1920年代所说的'中国问题',归根结底是中国的现代性问题。中国语言,尤其是书写体系的现代化,是五四运动以及其后岁月所发生的思想论争的组成部分,也是极其重要的组成部分。然而,它作为那时整个新文化运动之突出论点的重要意义,并没有得到应有的关注,特别是它对塑造中国人现代意识的巨大影响也被忽视了。语言改革在某种程度上已是理查兹所谓的'中国文艺复兴'的前沿阵地。从那种意义上说,寻求现代化的中国首先就是在寻求一种崭新的民族语言。"

艾略特在20世纪30年代写信给瑞恰慈,说西方人要想理解东方思想,"就像同时要看到镜子前后,不可能"。但是瑞恰慈至少试图从"中国如何走向世界角度"看问题,而且切实投入到基本语运动在中国的实践当中。赵毅衡发表了《瑞恰慈:镜子两边的中国梦》,主要介绍瑞恰慈在中国推广"基本英语"的历程。按照赵毅衡(2013b)的说法,如今英语果然成了世界语。瑞恰慈不屈不挠地接近中国理解中国的努力,赢得了我们的尊敬。

瑞恰慈的学生燕卜荪经老师推荐,1937年到1939年在中国燕京大学和西南联大继续讲授英国文学,宣传文艺理论并产生巨大的影响。瑞恰慈对燕卜荪的影响深远,后者的《含混七义》(*Seven Types of Ambiguity*),就是在瑞恰慈的直接指导下完成的。燕卜荪的诗风,影响了他西南联大的学生如穆旦等人,与他的同事卞之琳,相互得益甚多,至于中国的英美文学学者,几乎一代人全受到过他的教益(赵毅衡,2013b)。二战结束后燕卜荪第二次到中国时,写出了他自认为最重要的著作《复杂词结构》,他指出一个社会解决问题的方式主要靠对词汇的理解,社会的发展,就是词汇理解的发展。赵毅衡(2013b)评价此书早于福柯《词与物》20年,提出了知识形构的基本命题。

第二节　新批评的中国译介

1909年奥格登在剑桥创办了一个学术、思想组织"邪学社"。该学社反对校方强制学生参加宗教活动,追求一个能够自由讨论宗教问题的空间。奥格登是一个天才的组织者和鼓动者,能够把学会的活动搞得风生水起。在他担任主席的时候,学会的一个重要活动就是邀请文化、思想、文学界名人举办演讲。徐志摩大约在1921年与奥格登相识,后成为至交。1923年5月10日,徐志摩致信奥格登,要求他邮寄一本他与瑞恰慈合著的《意义的意义》(刘洪涛,2011)。

赵毅衡恩师卞之琳在20世纪30年代求学期间,当时西方学者瑞恰慈和燕卜荪来华任教,就在北大清华形成一个形式论潮流,师生开始关注形式论。瑞恰慈在清华开设"现代文学理论",燕卜荪在战火中的西南联大靠记忆背出莎剧,成为一则中国教育传奇。卞之琳那一代西南联大知识分子,跟新批评家有个人接触。穆旦、郑敏、巫宁坤在40年代末在芝加哥大学直接师从芝加哥学派的R. S. 克莱恩(R. S. Crane)。

瑞恰慈在华讲学期间(1929—1931年),他的文学批评思想就在中国得到译介与评述。1929年,华严书店就刊行了由伊人翻译的《科学与诗》(*Science and Poetry*)。1932年5月,燕京大学文学院国文学系高庆赐通过了由郭绍虞、周学章教授评阅的学士毕业论文《吕嘉慈底文学批评》的答辩。这篇论文应是最早专门而系统地评述瑞恰慈文学批评思想的一篇文章,论述了瑞恰慈文学批评在心理学、逻辑上的根据,具体分析了瑞恰慈文学批评的价值论、传达论、实用性等。同时期,燕京大学外国文学系吴世昌的学位论文"Richards' Theory of Literary Criticism"也结合中国古典诗词,从价值论、读诗的心理分析、艺术的传达诸方面综述了瑞恰慈的学说。该论文后来以中文本《吕恰慈的批评学说述评》为题,刊于《中山文化教育馆季刊》1936年6月号。

1934年3月,李安宅的《意义学》一书由商务印书馆刊行。瑞恰慈亲自为李安宅的书写序言，他以《意义的意义》为例，提出研究思想、字眼与事物之间的关系是所有关系的常识。《意义学》可以说是我国首部公开出版的研究瑞恰慈批评理论的专著，对国内文学批评实践产生了有益的效果。朱自清也在《语文学常谈》中介绍了"意义学"一词，他指出："'意义学'这个名字是李安宅先生新创的，他用来表示英国人瑞恰慈和奥格登一派的学说。他们说语言文字是多义的。"（朱自清，2003）朱自清明确指出瑞恰慈是通过研究现代诗而悟到了多义的作用。瑞恰慈表明语言文字的四层意义，即字面文义、情感、口气、用意。而一般读者不能辨别这四层意义，造成现代诗很难懂。而在《诗多义举例》中，朱自清对四首中国古诗的细读式分析，显然受到瑞恰慈及其弟子燕卜荪（《多义七式》，又译《含混七义》）的批评方法的启发。

中国对新批评的介绍，几乎与新批评的发展同步。叶公超、钱锺书、朱光潜对瑞恰慈学说很是推崇。1936 年 1 月，朱光潜在天津《益世报·读书周刊》介绍的三十部"美学的最低限度的必读书籍"中，列举了瑞恰慈的三种著作：《美学基础》《文学批评原理》《柯勒律治论想象》。他在《文艺心理学》中，批评意大利新唯心主义哲学家克罗齐（B. Croce）忽视"传达和价值"，葛桂录（2009）认为这个批评角度，明显取自瑞恰慈的文学批评原理。而到了 1983 年，朱光潜在接受香港中文大学校刊编辑的访问时承认：留英期间在文学批评方面他"还受过瑞恰慈的影响"。

30 年代初瑞恰慈在清华开设"现代文学理论"课程，卞之琳去听后，自我解嘲说，"一点也没有听懂"。而上过燕卜荪的课的钱锺书就在《谈艺录》和《管锥编》中将现代释古代学提高到了新高度。而他对瑞恰慈著作的最早引用见于《美的生理学》（*The Physiology of Beauty*）这篇书评之中，他称赞瑞恰慈先生的《文学批评原理》确是在英美批评界中一本破天荒的书，尤其将心理学和生物学引入文学批评，以增强后者的准确性。他在《论不隔》一文中，更是借用了瑞恰慈的"传达"理论来阐释王国维的"不隔"论。钱锺书认为王国维的"不隔"在艺术观上"接近瑞恰慈（Richards）派而跟科罗采（Croce）派绝然相反"。

30 年代末叶公超任《学文》主编，他对西方文艺理论引介到中国的贡献巨大。正是在他的帮助下,卞之琳在 1934 年翻译出版了艾略特的《传统和个人才华》,叶公超还鼓励曹葆华出版了论文集《现代诗论》。叶公超对文本细读的分析方法非常关注,他相信国内当前最缺乏的是分析文学作品的理论。他不仅介绍西方现代主义文学的最新发展,说明西方现代文学并不是抛弃传统,而是在传统中发展创新,同时也为中国新文化向传统寻求资源提供理论基础,让中国人重新认识自己的古老传统文化(容新芳,2012)。陈子善(1998)评价叶公超实在是"把西方现代主义作品和文学理论介绍到中国来的值得肯定的先行者"。曹万生(2003)提出:"叶公超一方面大力在学生中鼓吹 T. S. 艾略特和瑞恰慈的思想,一方面亲自上阵为二者呐喊,起到了中国现代诗学转向的精神领袖的作用。"叶公超在 1934 年 4 月的《清华学报》上发表了《艾略特的诗》一文,就用了"精细的分析,明显是受到瑞恰慈的影响"(吴虹飞,2003)。

1937 年,叶公超在曹葆华翻译的《科学与诗》一书的序言中提出,从科学的角度研究诗歌是时代进化的必然结果。叶公超说,"瑞恰慈(I. A. Richards)在当下批评里的重要多半在他能看到许多细微问题,而不在他对于这些问题所提出的解决方法"(陈子善,1998)。他相信国内现在最缺乏的,"不是浪漫主义,不是写实主义,不是象征主义,而是这种分析文学作品的理论"(陈子善,1998)。这种对文本细读分析方法的关注,正是作为文学批评家的叶公超所重视的。赵毅衡指出,曹葆华对新批评理论的译介,对中国现代诗和现代西方理论在中国的发展起到很大的作用:

> 20 世纪上半期中西文学关系,是个尚待勘探的富矿区。尤其新批评和中国的现代文学的直接接触,可谓源远流长……瑞恰慈,数次留在中国任教……当时有几本新批评的书,在北京无法找到,竟然在一个大学图书馆里找到了曹葆华三十年初的译本,我非常吃惊:如果当日的风气得以坚持,还轮到半个世纪后的研究?(《新批评:"起跳的方式之一是"》,《中华读书报》,2002 年 7 月 10 日)

曹葆华是当时翻译瑞恰慈"新批评"著述最多的人。从 1933 年 10 月起到 1934 年 6 月,曹葆华在《北平晨报·诗与批评》上陆续发表了翻译的多篇瑞恰慈的文章，其中 1934 年 4 月 12 日与 23 日，该晨报发表了艾略特的《批评底实验》，这是针对瑞恰慈《文学批评原理》和《实用批评》而写的专论。1937 年 4 月商务印书馆翻译出版了《科学与诗》和《现代诗论》，《现代诗论》收录了曹葆华翻译的瑞恰慈的《诗的经验》《诗的四种意义》《实用批评》和艾略特的《批评底实验》。在《现代诗论》序言中，曹葆华认为瑞恰慈"是被称为'科学的批判家'的"，"现代一般都承认他是一个能影响将来——或者说，最近的将来——的批评家"（陈越，2009）。

萧乾在 1935 年毕业于燕京大学，毕业论文《书评研究》对文学批评者的素质、文学批评的标准和文学方法进行了论述，更是在"阅读的艺术"章节中引用了瑞恰慈的意义学伦理。他在燕大听过瑞恰慈的讲座，"对我来说他不啻是个圣人……是他使我成为一个批评家"（劳伦斯，2008）。他在主编《大公报·文艺副刊》时，特别办了两个专刊——《作者论书评》和《书评家论书评》，他利用这两个专刊倡导书评写作，并引发一场探讨文学批评方法的热烈讨论。其中叶公超对印象式批评方法和判断式批评方法的关系进行了非常精辟独到的理论辨析。二者均深受瑞恰慈《文学批评原理》的影响。

袁可嘉也是一位受到"新批评"影响的中国人，更可看作瑞恰慈文学批评原理的最大受益者。自 1946 年起，作为"九叶诗人"之一，他在《大公报》《文学杂志》《益世报》《诗创造》等报纸上发表了一系列评论文章，讨论新诗现代化的问题，以及他对文坛上情绪感伤和政治感伤的批评，都是建立在瑞恰慈"最大量意识状态"以及"各种经验冲突的组织调和"的理论基础之上。他的《新诗现代化——新传统的寻找》在概述瑞恰慈批评理念的基础上，表明"艺术作品的意义与作用全在它对人生经验的推广加深，及最大最大量意识活动的获致，而不在对舍此以外的任何虚幻的（如艺术为艺术的学说）或具体的（如以艺术为政争工具的说法）目的的服役"（天津《大公报星期文艺》，1947 年 3 月 30 日）。由此来强调文学艺术本体独立的基本原则，进而明确新诗现代化的方向是"现实、象征、玄学的新的综合传统"，新诗"不仅使我们有情绪上的感染震动，更刺激思想活力"。在论及"包含的诗"和"排斥的诗"，论及"最大量意识状态"，以及诗的戏剧化和张力结构时,袁可嘉基本承袭了新批评的观点。

散文家李广田曾借鉴瑞恰慈《实用批评——文学批评的一种研究》第四章"伤感与禁忌"的观点,写出了《论伤感》一文,批判诗坛上的感伤主义倾向。李赋宁(2005)评价道:"I. A. Richards 和 William Emperson 二位批评家对我国外语教学和研究事业起了积极推动作用,使文学研究更加科学,更为客观、具体。他们也激发了学外语的人借鉴外国诗歌技巧来创作我国的新诗,如穆旦、杜运燮、袁可嘉等人的作品。"

新批评研究在特定的"政治文化学"语境中断裂,是卞之琳把这杆旗郑重交到赵毅衡手里。1964 年出版的《现代资产阶级文艺理论论文选》,第一篇就收录了卞之琳翻译的艾略特的《传统与个人才能》,还有杨周翰先生译瑞恰慈,张若谷先生译兰色姆(John Crowe Ransom),麦任曾先生译燕卜荪,袁可嘉先生译布鲁克斯(Cleanth Brooks)。赵毅衡调侃几乎是借"批判资产阶级"的名义一场老友同事的新批评大集合。

第三节 赵毅衡从"形式-文化论"到广义符号学

1978 年,赵毅衡跟随卞之琳读研究生,在卞之琳的提议下,开始做形式论,具体从新批评做起,把形式论这条线做通。赵毅衡把瑞恰慈誉为对 20 世纪文学批评影响最大的英国理论家,是英美形式文论的第一个推动者。瑞恰慈从和奥格登合作《美学原理》开始,就有意使用中国哲学来解决西方的传统思想命题。赵毅衡指出,瑞恰慈从朱熹对《中庸》的诠释,引出"真正的美是综感"(synaesthesis),这成为 30 年代新批评派"包容诗论""张力论"等的源头。赵毅衡花了 20 年时间厘清从形式研究到文化研究的途径。同样,他也花了 20 年时间,一点点发现中国与西方文化人的"对岸经验"。这两条线是赵毅衡一生从事的课题,都是得益于卞之琳的慧眼指点。赵毅衡也看到了新批评与中国现代文学界的诸多关联,二十世纪二三十年代始,瑞恰慈和学生燕卜荪都曾数次在中国执教,中国知识分子对新批评心向往之,对新批评的译介和其发展几乎同步。

赵毅衡(2009)总结了新批评派的特点:第一,他们试图处理文学和现实的关系问题,从混乱的折中主义哲学立场出发来观察这个问题,不回避问题,尽管也不可避免地落回形式主义共同的唯心主义中去。第二,新批评派理论最突出的优点是他们对文学作品结构的辩证理解,尤其是分析了理性和感性,具体性与一般性的对立统一。第三,他们在批判方法上持一种绝对的文本中心态度。第四,新批评派以语言特征为文学研究的基础,他们认为作品的全部结构特征,首先在语言特征上表现出来,甚至以文学语言特征作为文学区别于科学的特异性。第五,新批评派对于文学批评实践的重视和他们在批判实践中的细腻灵活的态度,使得他们总体比较僵硬的方法得到某种程度的补救。

赵毅衡(2009)比较了新批评派和其他几个文学理论流派的异同,认定新批评派可以被视为现代形式论发展过程中的一个中间环节。其一,新批评派决定性地把形式主义从反理性主义朝理性主义方向推进。其二,新批评派是从早期形式主义极端态度中脱身开来,唯美主义较极端而不加论证。新批评派在理论上努力寻找折中立场,而结构主义比新批评高明的地方是其方法论有更多的辩证因素,以及比较开阔的视野。其三,新批评派是形式主义的理论和方法论日益复杂化和完善化的中间环节,唯美主义几乎无理论基础,其文论基于直觉之上;新批评构筑一个哲学基础,而结构主义则几乎汲取了20世纪所有主要的哲学流派的思想:分析哲学、现象学与实用主义。唯美主义主要搞印象式批评,新批评固执地自囚于客观主义纯批评圈中,研究工具是传统的语义学。其四,新批评派也是形式主义向学院化过渡的中间环节。唯美主义首先是个创作流派,而结构主义几乎都是纯理论家。

《重访新批评》以新批评派对文学性质的理解、从事文学批评的方法论以及诗歌语言分析方法这三个切入点,对这一文学批评派别的发展过程、思想方法进行了深入又详尽的介绍。赵毅衡的研究没有局限于对观点的介绍,而是深入到新批评的内部,呈现各种观点如何在争论中形成的过程,揭示新批评派偏激的理论预设和批评实践之间的裂隙,更总结了该派理论家在具体的批评实践中的成败,为中国读者进一步寻找合适的批评方法提供了借鉴。

赵毅衡在谈到自己的治学经历时说,"大约在1985年左右,我从叙述学读到后结构主义的符号学,豁然明白了一个道理:形式分析是走出形式分析死胡同的唯一道路,在形式到文学生产的社会-文化机制中,有一条直通的路。是形式,而不是内容,更具有历史性"(赵毅衡,2009)。超越内容来探究文学和社会之关系,并非不可能之事。在此基础上,他又得一大悟:文学的意义组织方式并不停止于文本形式,形式是由社会文化与意识形态制约的。这并不是在否定形式,意识形态与文化历史本身也是意义的组织形式,甚至也是叙述形式。由此,赵毅衡形成了自己的批评立场:从形式探视文化,即是说,跳过内容不仅是可能的,有时是可取的,尤其是在描述文学的文化史时,文本形式的历史是最重要的审视点。

赵毅衡所提出来的"形式-文化论"试图从文学艺术的形式,窥见文化形式的流变。"从形式探视文化",是从形式到形式,不是从形式到内容,更不是从内容到内容。任何文化批评都离不开文学艺术作品,特别是离不开文学艺术的形式。文学批评不是为作品内容作道德评判,而是探究意义生成和被诠释的条件。而对这一批评线路的实践,就是他的"形式/文化学批评"(a formal/culture logical approach)。赵毅衡也提出了他所认为的文化批判的三个标准:首先,文化批判的对象不是体制本身的运作,而是批评体制借以立足的文化规范;其次,文化批判也不是指斥规范的弊病,而是对规范作形而上的思辨;最后,也可能是最重要的一点,批判应当把自己作为反思的他者之一(周汀,2002)。

在美国读博期间,赵毅衡转向叙述学,在《当说者被说的时候》中,把小说叙事的一些最基本的问题解释清楚了。符号学和叙述学都属于形式研究,赵毅衡在叙述学方面主要做的是符号叙述学,尝试探寻所有用来讲故事的符号文本,能不能找出共有的规律。他认为,所有媒介只要讲故事就是叙述,叙述学的言说对象扩大,冲破虚构,跨越媒介,"叙述学就要能够讨论所有讲故事的文本。如果做梦是个符号文本,那么预言和算命也是个符号文本,它们的确讲了一个故事,自然属于叙述的范畴"(邹赞,2020)。赵毅衡也提醒我们,叙述学的研究对象扩大以后,有几个非常重要的问题需要回答:虚构与纪事之间有什么根本区别?记录式叙述与演出叙述之间有什么根本区别?历史和小说是记录性的,演出是表演性的。赵毅衡明确用"广义叙述学"来涵盖涉及梦叙述、怪圈叙述、演出叙述、游戏叙述,尤其是电子游戏等叙述主题研究。

赵毅衡认为中国叙述艺术之所以发展较晚的原因就是历史叙述的发达弥补了读者听故事的渴望,历史叙述历来在中国占有很高的地位,中国小说很长时间以来通过慕史的方式来提高小说地位。晚清小说地位尴尬,仍然被认为是不能够登大雅之堂之物。白话小说不得不穿着历史的外衣展开叙述,别扭又痛苦。赵毅衡努力将叙述学与文化形态结合起来,将叙述学推向文化的深度,他认为叙述学"必须进行到文化的形态分析的深度才算是真正的叙述学分析。反过来,也只有深入到叙述形式产生的社会文化形态背景,我们才能理解一种叙述形式的实质"(赵毅衡,2022)。赵毅衡(2012)提出"叙述学第一公理":"不仅叙述文本,是被叙述者叙述出来的,叙述者自己,也是被叙述出来的——不是常识认为的作者创造叙述者,而是叙述者讲述自身。在叙述中,说者先要被说,然后才能说。"

赵毅衡将文学作品的形式看作整个社会的主导性文化机制的表征。可以说,其文学研究,超越了单纯的作品形式分析,而是去进一步探讨使作品成为可能的文化背景、文化结构。自从王国维第一个把西方的美学和哲学带进中国,中国文化形态就发生了巨变。在《苦恼的叙述者》中,赵毅衡详细探析了中国传统小说、晚清小说和五四以来新文学第一个十年小说三种不同的叙述者,它们分别对应三种文化范型,即传统小说的史传范型,晚清小说的说教范型,五四小说的自我表现范型,"形式鼓励歧解……因为作品的叙述方式拒绝提供一个与社会规范相呼应的解释",最终使得"文类价值让位给文本的个别价值,这就是五四文学迫使中国文化结构转型的机制"(赵毅衡,2013a)。他指出五四小说直接与西方现代文学相接触,从形式上由白话取代了文言的地位,从根本上推翻了传统的文类等级,五四小说的自我表现范型,最终使文类价值让位于文本个

五四以来中英文化圈对话与互鉴研究

别价值,这就是五四文学迫使中国文化结构转型的机制。虽然《苦恼的叙述者》一书对小说的研究是从形式分析入手的,但赵毅衡真正关心的对象却是中国文化在外来文化冲击下所经历的种种变化。"小说叙述文本,可以作为文化的窥视孔,可以作为文化结构的譬喻。"(赵毅衡,2013a)

80年代末赵毅衡检查了中国白话小说从发生到转化为现代小说的全过程,试图找出这种演变背后的文化动因。然后在90年代把主要精力放在中国当代先锋文学的理论辩护工作上。赵毅衡(1996)称先锋文学"是中国第一个真正'形式主义化'的小说流派"。以马原、莫言和余华为主要代表人物的先锋文学在形式和文体上进行革命性的创新:叙述者离心化,失去以往全能的主体性,尤其是具有"元小说"(metafiction)的一些特征,即试图摆脱传统的表达模式,叙述手法再次语义化,叙述方式本身成为谈论的对象。先锋文学放弃了文学再现现实的功能和追求,而是去反思与追问狭小而琐碎的个人视野。从精神层面上说,先锋文学承袭了五四文学的批判精神,对中国文化的劣根性和现代人的生存境遇做了另类的书写,"在貌似轻巧的否定之后有着一种沉重的意义渴求"(赵毅衡,1996)。在叙述方式上,先锋文学真正接续上五四文学,并进一步以元小说写作超越了五四文学的表现模式。因为在先锋文学那里,形式本身成为内容。先锋文学标志着新时期文学所达到的形式与文体创新和思想探索的高度。

赵毅衡(2012)揭示了一个中国传统社会的独特现象:以文类代替血缘分层,只要掌握困难的高级文类,才能上升入意义重大的控制阶层,即士大夫阶层。而困难的形式也就是文化权力采取的形式。五四运动以后,中国社会开始推行一个文化的均质化运动,在文学上表现为俗文学化。在社会伦理规范上,则表现为礼教下延运动。而道德上的全社会均质可以上溯到宋明理学的社会实践,经明清至现代,礼教下延愈演愈烈,造成全民道德狂热,士大夫却不愿再随俗。由此造成明末清初,五四时期与80年代,中国知识精英的"反文化"潮流。"礼不下庶人时,君子彬彬有礼;庶人尽礼时,君子以非礼骄人"(赵毅衡,2012)。赵毅衡(2012)特别指出90年代以来中国文化面临的重大危机:在传统社会,雅文学是中坚,是意义控制与调节的支柱,而俗文学是依附和补充。如今,俗文学不仅占领了市场,而且具有意义权力,使得整个中国文化面临一种新的全面俗化,雅文学、精英文学几乎失去立足之地。以形式观道德,赵毅衡得出结论:礼教下延,色情上升,道德均质化,带来的是社会伦理的普遍堕落和文化无可挽回的衰败。中国文化需要一种精英式的形式困难的文学。

赵毅衡形成自己的形式-文化学批评后,将之放置到中国文学史和文化史中进行实践,近年来投身符号学研究,思索整个人类生活和人类文化面临的符号危机,提出"文学是形式的构成物,因此文学批评不是为作品内容作道德批评,而是探究意义在什么条件下生成,在什么条件下被诠释"(赵毅衡,2012)。

在和邹赞的对话中,赵毅衡承认瑞恰慈对他个人的学术影响最大,因为瑞恰慈转向了符号学,是符号学的创始人之一,形式论的"集大成者"就是符号学。瑞恰慈的《意义的意义》也是符号学的代表作。瑞恰慈试图要创造一个学科 symbolism,不是象征主义,而是符号研究,英文的 symbol 不仅有象征的意义,也有符号的意义。在赵毅衡看来,新批评关心文本,现象学关心意识,符号学关心意义,实际上是相通的,因为意义是意识所产生的。在研究符号学的过程当中,实际上他把新批评的方法论都包括进来了。"我认为新批评讨论的内容一点没过时,尤其值得关注的是'反讽'和'张力',这两个是新批评讨论的关键词,恰恰也是符号学和叙述学所集中讨论的重点。"(邹赞,2020)符号学最大的用途就是文化研究。赵毅衡指出,实际上从罗兰·巴尔特(Roland Barthes)的《神话学》开始,就不断在处理文化当中意义是怎么样产生的问题。人类学家格尔茨(Cilfford Geertz)也说文化是符号意义的集合。文化研究应当是符号学的一个最重要的对象。近期赵毅衡专注于艺术符号学研究,他提出了这样一种观点:艺术在我们生活当中的五种表现,只有一种是局限于原来的艺术的,大部分渗入我们的经济生活,它可以分成五个方面,即商品附加艺术、公共场所艺术、取自日常物的先锋艺术、生活方式艺术化、数字艺术(邹赞,2020)。艺术就是在物的实用意义上增加的多余的讲究,它要超越实用层面的需要。赵毅衡指出符号学研究艺术是必需的,也是可能的,原因在于艺术的意义方式在三个对立冲突之中展开:艺术是在与"非艺术"对比中实现;艺术是感性与理性结合的产物;艺术是个别的,又是文化决定的,是社会性"展示"的结果。他修改贝尔的定义,把艺术视为"有超脱庸常意味的形式"(赵毅衡,2022)。

在接受邓艮的访谈时,赵毅衡谈到形式主义、叙述学和符号学之间的关系:他把形式文论分为这几个大的部分:符号学,属于这里最抽象的层次;叙述学是符号学运用于叙述,正如语言学是符号学运用于语言,但是语言学学科之独立庞大历史久远,远远超过叙述学和符号学,因此很难说语言学是符号学的运用。叙述学本身也太庞大,所以单独成为一个学科,符号学与叙述学现在也就并列了(赵毅衡、邓艮,2013)。

在赵毅衡看来,符号学属于最抽象的层次,将人类的全部表意活动纳入其研究范围。在2011年出版的专著《符号学——原理与推演》中,赵毅衡立足于21世纪以来的文化变迁和中国符号学传统,在综合国际符号学现有研究成果的基础上,尝试建立一套符号学体系。李松睿(2015)指出,该专著最令人钦佩的地方并不是完备的符号学体系,而是赵毅衡在总结西方各派符号学理论家的论述后,会运用中国本土经验和例证,指出西方理论的不足,进一步推进对问题的思考。在2013年出版的《广义叙述学》中,赵毅衡主要探讨意义如何通过人类具体的叙述活动表达出来。在李松睿看来,赵毅衡最大的贡献就在于创造了一种覆盖所有叙述体裁的分类方法。一类按叙述的"本体地位"分为纪实型体裁和虚构型体裁;另一类按"时间—媒介"分为过去时的记录类叙述、过去现在时的记录演示类叙述、现在时的演示类叙述等。

唐小林归纳了赵毅衡的学术历程,从新批评到叙述学,再到符号学,他始终贯穿了"形式-文化论",践行了形式论的世界观和方法论,是一个"彻底"的形式论者,在这个意义上,他是这个文论的急先锋,是符号学者中的符号学者。

第六章

小 结

　　瑞恰慈无疑是英美形式论的创始人,他在文学理论中引入语义学和心理学的主张,其新批评学说在中国的译介几乎和新批评发展同步,奠定了中国英语语言文学和比较文学的基础。瑞恰慈不愧为沟通中西文化的使者,中国是他心目中的理想国。他的《孟子心论》体现了中国文化对他的影响,在他看来,西方的清晰逻辑需要"语法范畴不明的"中国思想加以平衡,并得到一个内求于心的知识向度。他选择中国开展 Basic English 教育项目,一生六次来中国进行西方文艺理论讲授和英语教育实践,对中国饱含深情,同时他为推进世界文明共同发展做出了极大的贡献。

　　赵毅衡能够自由出入于中西文明之间,这种自由的代价有可能是一种文化的游离态。用他的话说就是"我的学术立场正如你所说,既不是西方学术主流,也非中国学术主流,这完全正确。我一直坚持认为当代学术界必须坚守边缘立场,以对体制保持批判精神"(罗义华,2004)。赵毅衡的学术历程,始于新批评,到叙述学和符号学,他始终贯穿了"形式-文化论",践行了形式论的世界观和方法论。进入 21 世纪,他致力于关注人类生活的全部表意活动。他的研究都带有鲜明的问题意识,其形式主义研究扭转了 80 年代中国学术界重内容而轻形式的弊病。再者,他以研究西方理论为出发点,却具有鲜明的中国主体性,他敢于与西方理论进行对话,用中国的例证来指出西方理论存在的问题,进而以中国本土经验推进理论发展。

第七章

中和之美:跨文明对话和互鉴凸显文化多样性

20世纪初始,对文学艺术形式变革的讨论不绝于耳。弗莱奠定了现代主义艺术理论的基础,被誉为"形式主义之父"。他将德奥及意大利艺术史中的绘画形式分析与鉴定传统,以及法国现代艺术批评观整合起来,提出系统的现代主义批评理论。他兼通绘画与文学,为后印象派绘画在英国的传播做出了突出贡献。他的学生克莱夫·贝尔,在弗莱思想基础上提出"有意味的形式"(significant form),伍尔夫晚年在《往事素描》中进行回应,作家应善于捕捉与表现生命中精神性的"有意味的瞬间"(significant moments)。此外,瑞恰慈想借助一种以中国儒家思想为基础的文学观念,建立"中和"的文学观,即在一个事物的两个极端之间找到一种张力。诸如格特鲁德·斯泰恩(Gertrude Stein)的现代主义实践者,在文学形式上积极寻求突围,他们消除了视觉和文字的界限,写作和视觉意象之间界限的模糊化成为现代主义发展的一个转变。

而以新月社为代表的中国五四一代知识人早在20世纪20年代起,就很自觉地走出国门,融入英美的文化圈,通过旅行、留学和英美作家、理论家广泛交流,一方面翻译了大量英美现代文学作品,一方面在自己的创作中吸收现代主义文学表现手法,他们中还有人直接用英文写作,让欧美文学界的顶尖人物更多地受到中国古老文明的影响并了解现代中国人及其文学的发展。由此,中国几代人参与了现代主义的构建,在形式上进行变革,在主题上融合智性和情感,对接中国传统和现代性,找到一条中国文化走出去的道路。在跨文化又跨时空的对话中,我们得到一些共性的结论,集中表现在以下两方面:

第一节　从形式突围,视觉和文字相融合

1. 弗莱和贝尔的"有意味的形式"

可以说,在伦敦现代主义美学和中国艺术之间搭建桥梁的最重要的人物是罗杰·弗莱。他和克莱夫·贝尔一起,为中国艺术进入西方主流艺术圈的审美视野,成为世界艺术大家庭的成员,起到了关键作用。弗莱深感东方艺术的魅

力,他认为以"人"为中心的西方文化和艺术"狂妄自大",赞扬中国人的世界包含了山峦、植物、动物和天空,中国艺术家认为人和动物只是自然的一部分。他在牛津的一次讲座中,特别指出早期的中国绘画拥有再现和表现的双重品质(弗莱,2010)。克莱夫·贝尔在《艺术》一书中,提出了"有意味的形式",就是说"在每件作品中,以某种独特的方式组合起来的线条和色彩,特定的形式和形式关系激发了我们的审美情感"(克莱夫·贝尔,2005)。弗莱和贝尔以形式审美阐释各民族艺术,打破了欧洲中心主义的壁垒,尤其是以此作为进入中国艺术的门径,他们更是从自身艺术变革的需要出发,再度阐释、发挥了中国艺术,使之成为西方现代主义形式美学观念形成的重要资源(杨莉馨、白薇臻,2022)。

在弗莱看来,中国古典造型艺术亦是理性与情感综合作用的产物。他在周朝青铜器的元素呈现中发现了造型和谐的要素,"这些青铜器很好地阐释了周朝艺术那独特的审美价值:在单个整体中各部分之间的严格协调统一,以及完全感性的处理方式"(Fry,1939)。如果说弗莱从中国青铜器中发现了抽象设计,他也从花瓶中发现了优美线条,在中国绘画中发现了简化、书法的特质,进而提炼出线性、抽象性与简约性等品格。如中国台湾学者林秀玲(1999)所言,"英国现代作家和艺术家不仅'发现'了中国高雅艺术,还将中国艺术吸收进英国复杂的美学探讨和现代艺术的创作实践中"。

作为中世纪与文艺复兴时期意大利绘画研究专家,弗莱关注到文艺复兴早期画家擅长在平面上勾勒线条的特征。弗莱在1900—1901年于《评论季刊》发表文章,称赞乔托为"世界上最伟大的线条大师之一",他解读乔托的线条美在装饰性的节奏,并能直接启示艺术家的个性(弗莱,2005)。在接触到中国的艺术之后,弗莱将意大利早期艺术和东方艺术联系在一起,并从中提取了现代主义艺术革新的可行之路。

费诺洛萨认为宋代艺术完全可以和古希腊、文艺复兴时代的顶峰相媲美。宾扬从中国宋元明代的画作中发现了个性的表达、悠远的意境,以及抽象观念的呈现。在1910年的《评论季刊》上,弗莱在评论宾扬的《远东绘画》时,从中国宋代绘画中读出了"极端现代性",继而他在后印象派大师的作品中即体现了这种追寻现代性的努力,并与东方艺术、原始艺术彼此呼应。同年,弗莱在《民族》上撰文,借用中国艺术捍卫了马蒂斯(Henri Matisse)的绘画,尤其称赞马蒂斯素描作品中的线条之美,"马蒂斯证明了他大师级的韵律设计感,以及一种书法的罕见之美"(参见 Bullen,1988)。他认为马蒂斯的作品体现为书法式线条,这才使马蒂斯的素描作品拥有了"崭新而又微妙的韵律",进而使情感更为丰富而多样。他在文章中赞扬了画家邓肯·格兰特的素描作品拥有"伟大的书法之美,及其节奏的自由、弹性与轻松"(弗莱,2010)。在《变形》中,弗莱将汉代古墓中的绘画在"线性"上和乔托、多纳泰罗、达·芬奇与伦勃朗的画作进行对比,他将波提切利视为本质上属于中国艺术家,"他同样几乎完全依赖于线性韵律来组织其设计"(Fry,1926)。

20世纪初中国古典气韵论通过汉学话语、文物评鉴的专业和科学话语、现代主义美学话语与弗莱的现代主义美学融合,形成他西方现代美学传统的形式主义美学平行的性灵(sensibility)美学思想(陶家俊,2023)。谢赫的气韵论首先由英国汉学家翟理斯于1905年在《中国绘画史导论》中译为"rhythmic vitality",同年德国汉学家夏德(Friedrich Hirth)在《收藏家笔记拾零》中翻译为"spiritual element, life's motion"。夏德翻译得比翟理斯更为准确,而日本美术家冈苍天心则译为"The life-movement of the Spirit through the Rhythm of things",这个翻译更贴近道家思想的精髓。而韦利采取直译的方法将之翻译为"Spirit-harmony, life's motion"。通过汉学翻译,气韵论得到宾扬和弗莱的热烈回应和再度阐释,并与后者的形式主义美学相契合。1903年,八国联军侵华期间掠走的东晋画家顾恺之的《女史箴图》进入英国国家美术馆,宾扬以顾恺之画作为例,将中国南朝画家谢赫的"气韵生动"的美学观念译成"rhythmic vitality",并通过在《伯灵顿杂志》上撰文将这一观念带入了西方世界。宾扬在1908年出版的《远东绘画》中指出,"气韵"是中国古代艺术的根本。1923年在《中国艺术》中,弗莱、宾扬在鉴评中国绘画艺术时,一起探讨"气韵生动",弗莱提炼出中国古典艺术的线形韵律、韵律的连绵流动和空间塑形等特征。弗莱、宾扬对"气韵生动"的阐发超越了品画范畴,深入到玄学宇宙生命观层面,阐发出中国艺术背后独特的道家思想观念并将之引入西方现代主义美学思想(陶家俊,2023)。

弗莱的中国古典艺术鉴评包括他于1911—1924年发表在《伯灵顿鉴赏家杂志》上的三篇文章:《理查德·本尼特的中国瓷器收藏》(1911)、《白玉蟾蜍》(1922)、《中国古文物》(1923),以及与宾扬合著的《中国艺术》(1923)和收入他美学文集《变形》中的《中国艺术面面观》(1924)。在对中国瓷器珍品的美学审视中,弗莱用"韵律""形塑感""精加工""生机""色调""戏玩"等六个美学观念来描述中国瓷器所内含的美学特色。在对古文物白玉蟾蜍的考据中探究形式与生命的美学关系。就此弗莱提炼出"内在生命"、"形塑设计"和"韵律"等美学观念。在对中国古代文物的研究中,弗莱从周代青铜鱼中窥见早期中国风的特质,在青铜器表面的粗粝和笨重之下是刻意的讲究和雕饰,这种对各部分之间比例和平衡的绝妙感觉和把握传达出浑然一体的形塑观念,浑圆流畅的轮廓契合韵律和流动的原理。弗莱把周代青铜器引起的审美愉悦感称为"古代的颤栗"(Fry,1926),青铜器体现出的最快乐的平衡精神也完美地诠释了他源于康德和克罗齐美学的空间塑形理念。弗莱也观察到中国艺术家以"圆柱体、球体和椭球体"来塑造雕像的形体。他在中国古代青铜器抽象化结构的和谐整体中,看到塞尚绘画同样以简约抽象的"变形"方式,来追求整体和谐的特征,并指出"矩形与球体占据了主导地位",他指出塞尚是"现代画家中第一个通过参照几何学脚手架的方式来组织现象的无限复杂性"的艺术家(弗莱,2009)。

弗莱1933—1934年在牛津大学的讲座稿《最后的讲座》浓缩了其美学探索的精华,他进一步将其美学观集中在"性灵"和"生命力"两个核心概念中。"性灵"美学理念和现代心理学结合,指艺术品中所承载的艺术家心理和心灵特质,艺术能将艺术家的精神状态传达给我们,"是他在做出姿势时的精神状态"(Fry,1939)。和他自己提出的审美情感论综合来看,当艺术家的线条表现形式的细腻变化具有丰富的变动能量时,线条是敏感的"(Fry,1939)。与他提出的有意义的形式观综合,他认为性灵指艺术品的空间形塑表达有规律、持续的韵律。性灵是艺术创作中与现代心理学的意识和无意识之分对应的两种不同意识——构思设计意识与创作意识。在克罗齐1902年的《美学》中论述的直觉知识和逻辑知识分类启发下,意识趋向于机械、整齐、有序,受数理逻辑支配,是人类知性快乐的来源。艺术在无意识作用下表现的是变化、多样、不可预测的生命力量,受感官逻辑支配,表达的是和谐、平衡和适度原则。它是人类审美快乐的源泉。弗莱认为,理想的艺术品是纯粹自由、无目的的精神活动产物。艺术意象的生命力指的是其自我内在生命的自主品质。他将这个精神生命外化创造过程称为"诗艺制造"(Fry,1939)。人精神生命的外化最后投射到艺术创作的意象之中和之上,使艺术品获得了本体意义上的生命力。最终,中国古典气韵论和弗莱形式主义美学观相融合,东西文明间创造性转化,开出"性灵"和"生命力"两个美学观念,继而得以重塑文明的核心内核。

弗莱还和贝尔一起借鉴了中国以书法、绘画和雕塑为代表的线性艺术的形式追求"气韵生动""骨法用笔"的美学原则,提出"韵律""线性韵律"等形式美学的基本观念与创作技巧,使中国美学词汇成为现代主义美学的有机组成部分。同样,苏立文在中国艺术的线条中看到生命的动感和能量,"在流畅的仰韶彩陶装饰中,我们已经看到了这种独特的,通过富有生命力的线条韵律表达形式能量的中国式手法。在铜器上,这种手法更强健,而多个世纪之后,又在笔墨语言中找到了更高层次的表达方式"(苏立文,2014)。

中国书画的留白布局艺术同样被弗莱、贝尔等吸收,成为"有意味的形式"设计的构成元素之一。"留白"讲究尺幅和画面不能过满,为读者和观众留下想象和品味空间。由此深化书画的意境,体现出疏密有致的辩证关系。他认为法国印象派画家乔治·修拉(Georges Seurat)的作品中的"空白"可能来自对中国画法的借鉴,"修拉给我们提供了欧洲人与中国最为接近的一个范例,他同时也像这位风景画的作者,名叫王维的唐代艺术家一样,主要将其表达建立于各空白区域间的感情之上"(Fry,1939)。弗莱还在他心爱的画家塞尚的作品中捕捉到"留白"的用法,"这里那里出现了一些白色的细微空隙,即使当作品已经完成之时。画笔的实际书写也变得越来越松秀灵动"(弗莱,2009)。

以线条为主的平面画法成为现代主义绘画艺术的重要特色,也就是说,东方艺术与欧美现代主义之间的关联也开始获得人们的认可。英国现代主义者

五四以来中英文化圈对话与互鉴研究

寻求的是一种新的"线性"(抽象、富于表现力和启发性),而中国画家更多寻求的是通过"客体"表现"主体",传统的表现手法往往突出了主客体之间模糊的界限、"平面性"以及"线性",而这些正是现代主义者梦寐以求的(劳伦斯,2008)。艺术史学家菲利普·古尔德(Philip Gould)深入阐释了中国美学中的"线条"和"省略技巧"的关系。他说"线条"源自中国人对书法的兴趣。"线条"同法国后印象派所倡导的色彩和图案一道,发展了英国现代主义。"留白"或是"说得更少"也是英国作家想要达到的(劳伦斯,2008)。克莱夫·贝尔概括出古典艺术与先锋派艺术共同具有的"简化"与"构图"原则,前者即把"画家们用来宣示事实的大堆细节简化"掉,后者则是"以某种独特的方式"对"线条和色彩、特定的形式关系"进行组合(克莱夫·贝尔,2005)。

2. 伍尔夫小说中的造型感

伍尔夫所在的布鲁姆斯伯里文化圈艺术家云集,她姐姐瓦妮莎就是位画家,姐夫克莱夫·贝尔是艺术评论家。布鲁姆斯伯里文化圈在1910—1914年不断扩大,其中最具标志性意义的事件是罗杰·弗莱的加盟。

1910年11月到1911年1月,弗莱在贝尔和德斯蒙德·麦卡锡(Desmond McCarthy)的帮助下,在伦敦格拉夫顿美术馆组织了现代英国艺术史上具有划时代意义的"后印象派画展",并创造了"后印象主义"(Post-Impressionism)一词,并以此来命名一个艺术运动和一个时代。由此,弗莱成为现代主义在英国的代言人。"自此,以绘画为中心的视觉艺术不仅成为整个布鲁姆斯伯里文化圈的兴趣中心,亦成为英国先锋派艺术的大本营。"(杨莉馨,2015)莱昂·艾德尔(Leon Edel)总结道:"布鲁姆斯伯里将范围拓展至现代绘画。此后,它还将覆盖先锋小说、现代传记——我们或许还可以补充说,经济学领域和政治科学。"(Edel,1979)

弗莱是20世纪早期英国最重要的审美情趣创造者之一,作为形式主义之父,弗莱强调艺术革新可以为文学变革提供助力,"塞尚和毕加索已经为我们指明了出路,作家们应该把再现手法抛到九霄云外,为自己换上新套装"(Woolf,1940)。弗莱深感"我们对人类精神生活的韵律实在知之太少"(Woolf,1940),

类似地,伍尔夫提出"精神主义"作为现代主义美学观的重要标识。伍尔夫正是"在'布鲁姆斯伯里文化圈'中人的先锋视觉艺术理念与实践的耳濡目染之下,有意在文学领域所作的尝试性拓展与延伸"(杨莉馨,2015)。此后,伍尔夫在自己的文学创作中践行自己的文学理念,开始新形式的探索和革命之路。从《墙上的斑点》开始,伍尔夫运用第一人称的直接引语来描写人的内心活动,触发意识的外界事物和人物内心的思绪之间的回环式叙述,她得出的结论是,外部现实是肤浅的、琐屑的,只有内在真实才是真正有价值的精神主义观念。直到《雅各的房间》出版,伍尔夫才确信找到了自己的语言表达方式,形成了自己独特的文学风格:她放弃了传统线性线索,突出一连串碎片化的生活场景和具有时空深度的意识画面,既有雅各对世界和他人的印象,也有他人对雅各的印象,伍尔夫尝试了将时间艺术转换成空间艺术的可能性,叙述人称也在不断变化,人物外部活动和内心意识相互交织(杨莉馨、焦红乐,2020)。

弗莱在布鲁姆斯伯里团体中发挥了领头军的作用,伍尔夫从他那里受到强烈的艺术震撼与灵感触动,还曾亲笔为他作传,尊其为"现代英国绘画之父"。伍尔夫在给弗莱的信中写道,"我不确信,对我来说,就不能用文字来表现一种变形的造型感"(Woolf,1976)。的确,伍尔夫一生都在努力"用文字来表现一种变形的造型感",对"造型感"的追求使得伍尔夫几乎每一部重要的小说作品都体现出结构设计的诗意与独特性。在此方面,弗莱和塞尚的影响功不可没(杨莉馨,2015)。

约翰·霍莱·罗伯茨(John Hanley Roberts)在《伍尔夫小说中的"视觉与设计"》一文中,分析了弗莱的《论美感》和伍尔夫的《贝内特先生与布朗夫人》中否定传统现实主义的主张之间的神似之处。罗伯茨认为《达洛卫夫人》和《到灯塔去》创作于伍尔夫和弗莱关系最为亲密的时期,弗莱思想的影响最为明显地体现在这两部小说之中。他把《达洛卫夫人》中对"秩序的认同"与弗莱在画家塞尚《高脚果盘》中对绘画对象"精确无误的位置安排"进行了比较。《达洛卫夫人》表现的正是弗莱在塞尚作品中发现的那种"栩栩如生的生活感、弹性与运动"(Roberts,1946)。《到灯塔去》中的灯塔正是贯彻了伍尔夫的理念:围绕一条"中心线","将设计合为一个整体"(Woolf,1976),由此,"灯塔"成为弗莱所强调的塞尚式构图中的"方便的知性脚手架",同为"知性脚手架"的还有《海浪》中的海浪,伍尔夫在海浪的韵律中将一系列戏剧独白组接起来(Woolf,2003)。

  罗伯茨细致地研究伍尔夫小说的"视觉"和"设计",他将达洛卫夫人和赛普蒂默斯视为构成形式的要素,并将他们之间的相互关系视为绘画艺术中的形式关系。也就是说,克拉丽莎热爱生活的倾向和疯狂的退伍老兵对它的弃绝彼此对立。克拉丽莎正想着从身边的事物中获得的快乐,出租车,人群,从身边穿过前往市场的大车,她突然就忆起,"有一次曾把一先令硬币扔进海德公园的蛇形湖里",与这一记忆以及她对生活的热爱相连,那种将死亡视为一种抚慰的相对的情绪立刻产生了。她在伦敦的大街上竟然幸存下来,她确信她是家乡树丛中的一部分,也是从未谋面的家族亲人的一部分。由此,一套高度复杂的感情与思想建立了起来:生命、死亡、扔进蛇形湖里的那枚硬币,她与从未谋面的人们融为一体的感觉,以及那句莎士比亚的"再不怕太阳的炎热"。在大约200页之后,当赛普蒂默斯死去的消息在晚会上传到克拉丽莎耳朵里,她立刻联想到有一次曾把一先令硬币扔进湖中,但他把自己的生命抛弃了。她本能地与赛普蒂默斯分享了他对死亡的需要,听到钟声响起,克拉丽莎最后一次想起"再不怕太阳的炎热",她意识到"自己非常像他——那个自杀的年轻人。她为他的离去感到高兴,他抛弃了自己的生命"(伍尔夫,1997)。由此,罗伯茨观察到"语言是交织在一起的,读者带着快乐,听到了回声,理解了基本设计,理解了克拉丽莎和赛普蒂默斯的关系,而这一关系本身正是小说的意义所在"(Roberts,1946)。

  伍尔夫在《到灯塔去》中塑造了画家莉丽,一开始她苦恼于无法实现拉姆齐夫人与詹姆斯的母子图的结构平衡,10年后终于通过将母子浓缩为紫色的、神秘的、高度抽象的三角形阴影而实现了整幅画面的和谐,实现了最初的艺术构思。莉丽"但求神似,不求形似"(伍尔夫,2015),她所遵循的正是后印象派代表画家塞尚的构图原则:既要通过颜色形成的块面表达出自己最直接的视觉印象,同时还要有经过智力构思安排的扎实结构,而这与伍尔夫本人的小说美学高度一致(陈为艳,2017)。

第七章

受到弗莱和贝尔的"有意味的形式"启发,伍尔夫提出了"有意味的瞬间"进行回应。作为一个力主"生命写作"的作家,伍尔夫一直在捕捉与定格人类"存在的"或是"有意味的"时刻。莉丽认识到"在一片混乱之中,存在着一定的形态;这永恒的时光流逝(她瞧着白云在空中飘过、树叶在风中摇曳),被铸成了固定的东西"(伍尔夫,2015)。这种混乱中存在的固定"形态"(shape)类似于《往事札记》的"图式"(pattern)。是拉姆齐夫人以仁慈、博爱、包容与理解消除了人与人之间的冷漠和壁垒,营造出一个爱与同情的世界(杨莉馨、焦红乐,2020),"生命"因而在这里"静止"(伍尔夫、2015)。

伍尔夫写《海浪》的灵感来自瓦妮莎所讲述的有关飞蛾的故事。这只飞蛾让她如此着迷,"也许你刺激了我的文学意识,正如你说我刺激了你的绘画意识"(贝尔,2005)。海浪的韵律和节奏,为小说提供了伍尔夫心目中的整一性,用弗莱的话说就是"一种穿透整体结构的造型韵律"(Woolf,2003)。伍尔夫思考人类的命运和自然的关系,她在写《海浪》的引子时也曾希望引入其他类型的自我,比如鸟儿和自然。这种让自然说话的表现手法正是伍尔夫所追求的,也是罗素曾经设想过的:现实存在于自我之外,是大自然客体的主观世界(劳伦斯,2008)。法国作家安德烈·莫洛亚把《海浪》看作一部"清唱剧",六个人物"轮流念出辞藻华丽的独白,唱出他们对时间和死亡的观念"(瞿世镜,1988)。E. M. 福斯特把《海浪》称为她"最伟大的作品",因为这部小说的"结构模式是完美无缺"和"无与伦比的",在每章的开头,都描写了"太阳和海水的运动",六个人物极少相互对话,但可以"将他们(像达洛卫夫人和赛普蒂默斯)看作一个人物的不同方面"(瞿世镜,1988)。这种将一生浓缩地概括人类生命与死亡轮回循环的构思,和弗莱推崇的后印象派绘画对高度抽象、简约而凝练的设计追求相一致(杨莉馨,2015)。

现代主义文学作品关注于"人物"的简单塑造。伍尔夫在日记中提到,她在构思《海浪》时,寻求"以寥寥数笔刻画人物性格的特征。必须大胆,就像漫画一样"。伍尔夫注重描述人物内心,以现代主义的手法模糊了内部与外部、心灵与肉体的区别。伍尔夫不再愿意完整地描写人物,而是像运用毛笔"两三笔就可

五四以来中英文化圈对话与互鉴研究

以刻画"出现代小说人物。她在《贝内特先生与布朗夫人》一文中的观点,提倡舍弃爱德华时代的小说传统,运用"没有任何面部特征的人物"去捕捉传奇的布朗夫人的灵魂和生命(人物的线条或姿势)。

伍尔夫在《罗杰·弗莱传》中指出,视觉(vision)代表情感(emotions),设计(design)代表智性(intellect)(Woolf,1940),只有情感和智性的结合才能创造出优秀作品。这一中和观来自弗莱的艺术理论和塞尚的艺术实践(杨莉馨,2015)。弗莱从对塞尚的研究中得出结论,"围绕着日常生活中的琐屑之事所产生的情感和情绪"可以在现实主义艺术中得到传达,而"那些属于我们人性中至为深沉、至为普遍的情感"要在更为抽象的形式中找到表达(Fry,1911)。而塞尚那样的画家放弃了"现象的科学",去拥抱"表现性赋形的科学"。

伍尔夫一向很清楚弗莱的艺术观,他追求的感觉和理智彼此制约,以达到中和的艺术创造过程和理想艺术境界,"他总是用自己的头脑去修正感觉。同样重要的是,他也总是用感觉去修正大脑"(伍尔芙,2001)。她在写《罗杰·弗莱传》时,引用弗莱的《塞尚》(收于《变形》书中)中的一句话,"我们在塞尚的画作中发现的那种和谐,那种生机勃勃的、抽象和某种程度上说极难达到的智慧,与极度的优雅和反应的敏捷所代表的情感之间的和谐一致,在此体现为大师的手笔"(Fry,1926)。克莱夫·贝尔晚年回忆弗莱"智慧与敏感的结合,在艺术、历史、科学等领域无所不晓的渊博学识,对于精致工具的灵巧运用,以及使语言贴近思想情感的无与伦比的组织表达能力,这些都使他无可争议地成为一流批评家"(罗森鲍姆,2006a)。

布鲁姆斯伯里文化圈成员相信,他们的职责,就是要运用智性和情感创造出令人满意的作品。"布鲁姆斯伯里美学的巨大力量就在于它声称情感(sensibility)与智性(intellect)对于艺术家来说同等重要,正如伍尔夫所言,艺术家必须是双性同体的,既有女性的情感,而又有男性的智性,而且——这一要求必须同时满足,以便情感与智性可以自由地协作——排除双方的偏见。"(Johnstone,1954)杨莉馨在专著《伍尔夫小说美学与视觉艺术》中辟出一章,以"从情感与智性的和谐到'双性同体'"为题,指出了伍尔夫"双性同体"观念与后印象派绘画都注重情感与智性之间的关联。在《一间自己的房间》中,伍尔夫从一对青年男女共乘一辆出租车得到启发,认为头脑中的两性与肉体中的两性相对应,需要结合起来,任何创造性行为,都必须有男性与女性之间心灵的协同,作家"在完整地传达他的经验。必须自由自在,必须心平气和",才能构成"头脑中的联姻"(伍尔夫,1989)。伍尔夫以《简爱》为例,指出夏洛特·勃朗特的愤怒干扰了她作为小说家应当具备的诚实,甚至因为愤怒使她的想象力偏离了方向,由此造成作品的生硬与突兀。"她的天赋永远不能完整和充分地表达出来。她的书必然有扭曲变形之处"(伍尔夫,1989)。正如杨莉馨(2015)总结,"伍尔夫呼吁女性克服自身的怨愤,以开阔的胸襟和双性的视野,突破智性与情感非此即彼的二元对立思维模式,追求性别差异的整合的人性理想"。

3. 庞德的"汉字诗学"

庞德在伦敦一直和美术界关系很深,他初次接触中国艺术,是 1909 年在大英博物馆听劳伦斯·宾扬有关"东方与欧洲艺术"的讲座。1909—1914 年被称为庞德的"英博时期"(British Museum Era),而宾扬则是他的中国艺术导师。1910—1912 年,在宾扬主导下,中日画展得以成功举办,庞德得以潜心研究大英博物馆内的中日绘画藏品。宾扬对中国传统绘画的线条、空间、笔触的精辟讲解让庞德收益颇丰,并为庞德从意象主义向旋涡主义的转化提供了借鉴和帮助。1913 年他与宾扬合著《波提切利》,"将中国和日本早期佛教艺术的杰作与波提切利所体现的线条的独特力量韵律运动的想象相关联,因此也与佛罗伦萨的现代绘画的联系有关联"(高奋,2012b)。

通过宾扬的介绍,庞德结识了作家兼画家的温德姆·刘易斯(Wyndham Lewis),他在 1915 年后与刘易斯和爱泼斯坦(Jacob Epstein)发起"旋涡主义"运动,他们共同拥有强烈的中国艺术意识。旋涡主义,就其形而上的出发点而言,是试图创造一种美术,一种艺术。庞德对中国艺术的响应在他的'旋涡主义'时期结出了丰硕的果实。在《华夏集》里,庞德融汇了他从宾扬和大英博物馆藏品那里获得的知识(钱兆明,2020)。庞德在整理出版费诺罗萨论文时,也在添加的注释中指出,波兰雕塑家布尔泽斯卡(Henri Gaudier-Brzeska)在博物

五四以来中英文化圈对话与互鉴研究

馆学习汉字,随后吃惊地发现,词汇学家蠢到竟然看不出"汉字的图画价值"。庞德还把布尔泽斯卡的作品"孩子与兔"比作周代青铜器:"这尊雕塑是'周',至少让我们想起这个时期的动物雕塑"。两位旋涡派同行从中国的青铜器中看到了一种原始形式的"旋涡"。庞德不仅对青铜器感兴趣,还迷上了中国书法,"绘画首先是一种书法,这种理论源自中国,也可能是一些西方理论家从中国作品中得出的结论"(Pound,1974)。

和庞德同属一个"诗人俱乐部"的韦利注重发掘古老中国艺术中的现代性因素。他把中国艺术史纳入其文明史的进程中予以考察,结合社会、历史和文化背景资料,对中国艺术的发展进行了细致、系统的梳理和阐释。1917年,韦利在《伯灵顿杂志》上发表论文《一幅中国画》,评论了英国国家博物馆收藏的张择端的《清明上河图》摹本。1920—1921年,韦利在《伯灵顿杂志》推出《中国艺术哲学》系列文章,介绍了谢赫、王维、郭熙、董其昌等艺术家,并梳理了中国重要古代艺术理论。1922年,他出版了中国艺术研究著作《英国国家博物馆东方图片与绘画分部藏品之中国艺术家人名索引》,这是首部中国艺术家的传记式百科全书(Perlmutter,1971)。1923年,韦利出版了代表论著《中国绘画研究概论》,这本是中国艺术研究的总结之作和精彩论析,在中西艺术交流,乃至现代主义美学理论发展史上都有重要意义。

韦利将中国文学研究融入对艺术的分析中,揭示出中国文学和艺术彼此依存和相互影响的规律。他在《诗经》的诗句中发现中国诗歌人与自然紧密相连的最鲜明特征(Waley,1958)。他谈论王维水墨山水画,也引用其多首诗,视王维为中国山水文人画鼻祖,并抓住了文人画情景交融的基本特征。韦利极为重视对中国绘画理论的介绍和评论,他介绍谢赫《古画品录》的"六法论","一气韵生动是也,二骨法用笔是也,三应物象形是也,四随形赋彩是也,五经营位置是也,六传移模写是也",其中居于首位的是"气韵生动",即艺术要认传递神韵,表达情感为首要任务,而再现自然的"位移模写"居于末尾。由此,中国艺术更重"抽象表达"。韦利更看重北宋画家、理论家郭熙,发表两篇有关其画论的文章,后收录在其论著《中国绘画研究概要》,他在文中翻译了《林泉高致》中的主要观点,赞赏他有关山水画的创作宗旨,画家修为境界,空间的巧妙建构。画家要精心选取绘画的对象,要与自然物象达到"天人和一"境地,如此才成"妙品"。

韦利是最早向西方展现禅宗及哲学思想的学者之一。在《禅宗及其与艺术之关联》中,他论述禅宗和艺术的联系,以及禅宗在生命体悟、主观视野和西方思想的相似性。韦利以皇帝和菩提达摩的对话,交代了禅宗的思想理念,指出"冥想""沉思""坐禅"对探索人性本源、实现内在超越的重要意义。他认为禅宗和艺术之间的联系是非常重要的,"这不仅是因为禅宗给予了艺术家灵感,而且通过禅宗,人们对艺术创作的心理状态相较其他文明而言有了更好的理解"(Waley,1958)。韦利通过禅宗的哲学理念来阐释艺术家的创作心理有其重要价值。艺术就是一种禅。中国的山水画和禅宗绘画在20世纪的欧洲大放异彩,成为西方现代艺术家赖以学习的榜样,韦利的论著从中发挥了重要作用。宋代文人画视"写意"为最重要的目的,这是象征主义艺术的中心理论。韦利将中国艺术对自然的描摹上溯至原始时期的哲学理念,这与弗莱及欧美现代主义推崇的"原始主义"又有了关联。

赵毅衡也注意到庞德和大英博物馆中国艺术收藏的关系,有一个有趣的旁证。李白《长干行》有一行"妾发初覆额",他比较了韦利和庞德的译文,前者译为"Soon after I wore my hair cover in my forehead",庞德则译成"When my hair was still cut straight across my forehead"。"韦利的译文忠实于原文,而庞德的译句形象不仅生动,而且精确,音调优美。"(赵毅衡,1985)叶维廉也研究了这几句译诗的对比,得出的结论是庞德在大英博物馆仔细研究过中国画,因此"按画取诗"(参见赵毅衡,1985)。也就是说,庞德不仅参照费氏对原诗的语义解释,还从观看中国画的经验中解读原文艺术形象,于是按照观画的印象翻译,选取发式特点描绘出中国小女孩的直观形象。

钱兆明看到了大英博物馆馆藏《仿仇英贵妃晓妆图》对庞德创作著名意象派诗歌《在地铁站》的影响。中国画家特别重视"暗示"的力量,把繁花似锦的树木和人物置于一个视觉平面,用来衬托"贵妃"的心境。庞德由此发现了一种"诗歌模式",他称之为"叠加"(super-position),也就是"一种思绪置于另一种思绪之上"(Pound,1974)。不是用语言表达,而是用"众多小色块加以表现"。"湿漉漉的黑色树枝上的花瓣数点"即努力在呈现一朵墨色勾勒的中国花卉,不同明暗度的墨点在黑色调中若隐若现。"所有这些却以大片的空白为背景,唤起观者心中微妙的感触。"(钱兆明,2020)

庞德的《神州集》出版后,伦敦《泰晤士报》(1915年5月6日)评论把庞德的译风与中国画相比,强调庞德在模仿中国诗的含蓄手法,就像中国画中的留白,以无言传有言(赵毅衡,1985)。庞德改译诗的原译者费诺罗萨原本是个远东美术史专家,他在1881年旅居日本后立志探索东方艺术的奥秘,他发表的著作和未发表的手稿大部分都与美术相关。1903年他在美国作巡回演讲,主要讲题就是中国风景和诗歌之间的关系,以及书法艺术对中国诗歌和美术的融合。赵毅衡认为中国诗画激发美国诗人所写的作品之中,仍以庞德的《七湖诗章》最为优美。其母本实际上是日本画册《潇湘八景》,八幅水墨画描绘了中国湖南潇湘的八种景致。每一幅画题有一首汉诗。画册据说是一个东方传教士送给庞德父母的礼物,诗作者也未详。

米切尔在《描画理论》中探讨了"艺格符换"(ekphrasis),而艺格符换一般指对视觉表征的语言再现。钱兆明将庞德的《七湖诗章》视为现代艺格符换诗的范例,是庞德对八幅水墨画的创造性阐释,更是代表了东亚诗画流转的传统(钱兆明,2020)。北宋文人画家宋迪是八景图的创始人,其好友苏轼在《宋复古画潇湘晚景图三首》中描写了宋迪作画时的情景,此外,北宋沈括在《梦溪笔谈》也提到了八景的主题。他们就此开启了一场跨时代、跨文化的诗画竞赛。惠洪诗僧续写了这一八景主题的八首诗歌。甚至宋徽宗赵佶亲手创作了整套的潇湘八景图。而在南宋画家马远、王洪、玉涧、牧溪的笔下,这类风尚达到了艺术创作的高峰。马远的作品已失传,而王洪的画作现被纽约大都会艺术博物馆收藏,他将惠洪的诗情精心还原为画意。僧画师玉涧、牧溪还创造了一种与禅宗有关的书法风格,清代画家云樵主人的作品,就是受其启发而产生的杰作之一,现被收藏在大英博物馆。玉涧、牧溪的重要作品流传到了日本,在海外拥有更高知名度。他们的八景图被东京博物馆收藏,并引发了日本的潇湘八景热。雪村周继和狩野洞云的同类题材作品被大英博物馆收藏,并与云樵主人的作品一起,在1910—1912年中日画展上展出。从庞德1928年5月30日写给父亲的信中可以看出,他对潇湘八景跨媒介诗画创作传统已十分熟悉,"当地人根据这组风景写诗作画,蔚然成风"。宾扬在《远东绘画》中也阐释了中国文人为何乐衷于"老调新弹",处理相似题材也能产生伟大的艺术,其"原创性源于艺术家对该题材深刻的感触"(Binyon,1908)。钱兆明总结,《七湖诗章》从来就不是译作,庞德根据自己的理解再现了八景的视觉要素。他热切地模拟绘画语言,绘出"酒旗揽斜阳""渔灯下白嘴鸦""捉虾男孩""乘兴人""竹枝""落雁""山寺晚钟"等意象,表达出道家归隐自然、释然欢愉的主旨。

美国新诗运动认为中国汉字是意象的组合,赵毅衡认为这是一种对汉字结构的误解。新诗运动领袖,诗人埃米·罗厄尔(Amy Lowell)提出一套"拆字法"(split-up)理论。她的朋友弗罗伦丝·艾思柯(Florence Ayscough)从中国回美国作有关中国诗歌的演讲,并带来她在中国收藏的中国字画。她们两人花了几天时间欣赏字画,罗厄尔突然发现中国字实际上是"图画文字",分解它们可见其由意象组成。艾思柯后来在《诗刊》上发表"中国书写画"(*Chinese Written Pictures*)一文,谈论中国书法艺术和诗的关系。她们合作翻译一卷中国诗《松花笺》,艾思柯在序言中声称,"这些笔画神妙的结合,我们称为汉字,实际上它们是完整思想的独立的图画文字式的表现"(Lowell and Ayscough,1921)。艾思柯-罗厄尔的拆字论试图挖出汉字组成中的潜在意义,但在翻译中国诗歌实践中很快遇到问题。艾思柯很快认识到对于今天的读者来说,汉字已不显示解析意义。张保红指出罗厄尔在翻译李白的《春日醉起言志》时,将"感知欲叹息,对酒还自倾"译成"My feelings make me want to sigh. The wine is still here, I will throw back my head and drink"(Lowell,1921)。罗厄尔生动刻画出诗人仰首而饮、一饮而尽的画面,如此形象生动的传译,得益于她生活中热衷于收集欣赏中国字画,对中国绘画中"饮者"形象的经验直感(张保红,2018)。

与艾思柯类似,费诺罗萨也曾经认为中国文字是拼画,他在研究中日绘画时,常常接触到诗画,于是他把书法本身看作精美的绘画。费诺罗萨的中国文

五四以来中英文化圈对话与互鉴研究

字观另有一个来源是汉赋,其中国诗歌笔记中有几篇相当长的汉赋的详细译注。当印象主义等艺术派返回直接感受,返回经验本身时,费诺罗萨提出经验即科学,经验返回事物本身。而汉字没有失去表现事物复杂功能及事物关联的能力,用这种文字写出的诗,符合科学,"到达事物本身"。费诺罗萨理论的核心在于指出"中国文字式"意象并置直接体现了事物之间的复杂关系。1897年他在日本时和日本研究《易经》的权威根本道明交流,《易经》以形象和抽象结合的图符来说明世界永恒的运动变化令他叹服,当他试图从中国文字中寻找中国诗学时,他首先注意到中国古典哲学强调事物之间联系的辩证思想(赵毅衡,1985)。庞德对意象派的静态、图画式的素描诗并不满足,转向"旋涡主义"以寻找动态的意象。他在1915年极力推荐费诺罗萨《中国文字》一文的发表,"我们已经无意间找到了汉字表意符号的力量",是费诺罗萨激发了庞德对表意文字法的热情。

在20世纪,英美诗人把其他文化中的艺术拿来为己所用,绘画形象激起了文学形象,它们成为诗人的缪斯。诗人们正是跳出诗的"本位",以超越媒介表现性能的欣赏眼光,"出位"发掘古典汉诗中可能蕴涵的绘画因子,进而摆脱语言媒介束缚,在诗情与画意之间来回切换,试图将诗歌这门时间艺术转换成融汇诗画之美的时空混合艺术(张保红、朱芳,2022)。庞德从费诺罗萨文稿中推导出"汉字诗学",在创作实践上以意象并置组合为重。赵毅衡明确,和罗厄尔"拆字"不同,庞德的并置结构是从中国古典诗的句法中推演出来的。庞德自己认为"表意文字法"是他对现代诗歌所做的最大贡献。在赵毅衡看来,运用这种方法最成功的诗人是艾略特,尽管他本人从未承认"象形文字法",他1917年发表的一系列收于《普鲁弗洛克》诗集中的短诗,都有明显的意象并置。而他1922年出版的《荒原》可以说是大单元并置法的范例,即诗段并置,摆脱逻辑联系,将独立的互不相关的场面,不加解释地排列在一起(赵毅衡,1985)。庞德的并置,也由韦利接续过来,而且还能在其译诗中看到"拆句"的痕迹。由此,并置美学成为现代美学的关键概念,而"中国诗"构成其源头之一。"西方前现代的美学是环扣式的,而现代美学的根本点就是并置——摆脱环扣,解放释读。"(赵毅衡,1985)西方从中国认知和审美的"准则"中获益匪浅,他们看到了视觉和文字之间、主体和客体之间界限的消融(劳伦斯,2008)。

对现代派诗人而言,"文本就是画像,绘画就是说话。""现代主义运动与绘画的关系比以往任何一个时代都更为微妙和紧密。"(马永波,2015)张保红(2018)提出"画译"新论点,就是指渗透着绘画原理与技法的翻译方法,它来自非语言艺术领域,使用的是绘画形式语言,是区别于语言艺术领域的翻译方法。通过翻译实践,证实文学翻译向绘画艺术借鉴的可行性,在方法上使诗歌翻译跳出了英汉双语之间互动转换的传统视野。庞德可以说在翻译中国古典诗歌时,打破了诗、画艺术壁垒,采用了诗画交融的翻译新形态。

第二节 "化古化欧",中国传统和现代性的对接

1. 凌叔华的文人画

中国文人画泛指中国封建社会中文人、士大夫所作之画。唐代道佛合流,禅宗盛兴。唐代文人士大夫在日常生活中以禅入诗、由禅入画,甚至出现诗佛画僧相兼、文人居士合一的现象。水墨画由盛唐吴道子确立,在形式上,水墨画主张"得意忘形",不落言诠。从"形似"中解放出来,既不拘泥于写实也不刻意变形,任运自然,取得气韵生动的效果。王维师法吴道子,精研佛经,他将禅、诗、山水画、文人画、写意画以水墨熔于一炉。他采用"破墨"的新技法,突破青绿重色和线条勾勒的束缚,由此发展了水墨画新意境。到北宋时期,苏轼和米芾笔下的文人画成为他们自我表现、自我消遣的工具,主观感受在笔墨上流露,在技巧上注重写意。在元代绘画中,画中的居室、人物逐渐变小,反衬出自然的雄阔,强调"淡泊""寂静"的心中之境,宇宙之境。著名美术家兼《中国绘画史》作者陈师曾强调文人画不拘泥形式与画技,重在文人雅趣,他指出:"画中带有文人之性质,含有文人之趣味,不在画中考究艺术上之功夫,必须于画外看出许多文人之感想,此之所谓文人画。"(陈师曾,2017)

五四以来中英文化圈对话与互鉴研究

请友人在一幅卷轴或纪念册上留下墨迹,这种做法在中国文人雅士中已经流行了数百年。1925年,凌叔华买了一幅空白的手卷交给第二次访英的徐志摩,请他带到英国去,邀请主人留下一些风雅的纪念。徐志摩为叔华的卷轴搜集了一幅罗杰·弗莱的水彩画,多拉·罗素的英文题词"说到底,精神与物质的二元论是一种阳性的哲学",徐悲鸿在欧洲画的奔马,还有日本谷崎润一郎以草书写下他的诗歌。弗莱的妹妹玛格丽特·弗莱得到庚子赔款教育交流基金来到中国,她在1933年遇到凌叔华和陈西滢,离开时送给他们一幅罗杰·弗莱的石版画。凌叔华自己第一次到西方旅行时也随身带了一幅缎面卷轴,在被介绍给布鲁姆斯伯里的英国作家和艺术家时,她就打开请他们留下绘画和签名,填满这幅空白的长卷。1947年,她受邀到瓦妮莎的查尔斯顿庄园做客,叔华打开她的纪念卷轴,那幅20多年前由徐志摩从罗杰·弗莱那里得到的风景画,让瓦妮莎惊讶得说不出话来,凌叔华拿出一本新的扇形纪念册,请瓦妮莎和邓肯·格兰特在上面作画。朱利安的弟弟昆汀是一位陶艺家,叔华在他做的陶罐上作一些中国画。凌叔华经常阅读维塔·塞克维尔·维斯特在《观察家》上的专栏文章,她主动写信给这位弗吉尼亚曾经的恋人,弗吉尼亚以维塔为原型写了《奥兰多》。随后凌叔华多次受邀来到希兴哈斯特,在这个著名的英式花园中作画,把花园的景象绘制在自己的画上。

凌叔华的卷轴不仅记录下现代主义在国际上流通的踪迹,而且保持了中国艺术雅俗共赏的理想(魏淑凌,2008)。凌叔华对元代大画家倪瓒情有独钟,称赞他体现了文人画的意境是"萧然物外的情趣"。倪云林以为画是写胸中逸气,聊以自娱。又因自己诗书画都来得,往往画成之后,兴犹未尽,意或未达,题上一些东西,方才放笔。他的画完全寄托他自己。诗与画在主题上和文体上相互交织,是中国独特的风格。中国艺术家往往诗书画三绝。在散文《我们这样看中国画》中,凌叔华总结中国画最高的目标就是要"画尽意在"。美学家朱光潜评论凌叔华的画继承了元明诸大家的文人画师,"流露出她特有的清逸风怀和细致的敏感",她绘画的眼光和手腕影响了她的文学作风,"作者写小说像她写画一样,轻描淡写,着墨不多,而传出来的意味很隽永"(凌叔华,2011)。

1949年,凌叔华在纽邦德大街亚当斯画廊举办了画展,这是她首次在海外举办展览。她那些表现欧洲风景的中国画,获得的关注最多。瓦妮莎与邓肯一起参观了展览,之后写道:"最有意思的,当然是通过中国人的眼睛去看欧洲的风景。"昆汀在《新政治家与国家》发表了一篇未署名的评论文章,"这个独特的画展之所以能引发观众特殊的兴趣,因为它提供了难得的机会,让我们能够通过一位采用迥异艺术传统手法的成熟艺术家的眼睛,看到了我们的西方世界"(参见陈学勇,1998)。

1954年春天,巴黎马塞·森纳斯奇博物馆展出了凌叔华的绘画——竹、兰、玉兰,还有山水画,法国作家安德烈·莫洛亚曾经读过《古韵》,他为画展写了简短的介绍。"在中国,文人要精通多种艺术。一个诗人一定得要漂亮的书法书写出自己的诗作。"(参见劳伦斯,2008)。他描绘凌叔华寥寥数笔,便活生生地画出一株幽兰,感染现代主义者们的,正是她的"抽象风格"。莫洛亚把凌叔华的画作归类于中国的文人画之列,"文人画刻意表现的已不仅在山川花竹等既有的固体本身,更要表现画家本人的情趣神韵和思想境界。在她那蕴含诗意的绘画中,那些高山、流水、翠竹、鲜花,都既是物,又是神。就连在画面上的虚空留白,也同画家笔下的每一笔一样富有表现力",即是说"借画中的事物来表现自己的灵魂、思想感情的一种画法"(参见劳伦斯,2008)。莫洛亚指出生活在英国的凌叔华,每当她想写生时,她就去寻找诸如伦敦北郊荒原,泰晤士河上的迷雾,或者苏格兰湖泊的景物来描绘。她并不人为地在这些西方的风景中加上一些极为怪诞的东方色调,她只消把所看到的景物如实画出来,就会使他们与众不同。因为她是以一种有几千年历史的眼光去观察的(瞿世镜,1988)。同年十一月,凌叔华在美国印第安纳州的哈伦美术举办个人画展,好友胡适为其画展揭幕,并为画展撰写了英文导言,盛赞其为"中国传统古画的真正代表"(曹伯言、季维龙,1986)。

凌叔华的文学作品所展现的精彩视觉描绘和主观世界观,为她赢得了"中国的曼殊斐尔"的称号。她的《古韵》出版后,维塔为书作序"用一个艺术家和诗

五四以来中英文化圈对话与互鉴研究

人的心灵和眼睛,带来了一个被遗忘世界的气息,流露出一种对清心养性和充满闲情逸致的美好生活的向往"(Ling,1953)。哈罗德·艾克敦不署名在《泰晤士文学副刊》发表评论,"她仿佛在用一支中国毛笔勾勒整个事件:情感表现恰到好处,没有伤感,没有滔滔不绝的假慈悲"。

在《古韵》中,凌叔华为我们描绘了一个早慧而孤独的六岁的"我"的习画成长过程,因为身体弱,不能和姐姐们一同去上学,而被父母留在家中,常常一个人在家中的后花园乱逛,偶然捡起一根碳棍,在雪白的墙上开始画山水、动物和人,越画兴致越浓。直到有一天,被父亲的一位画家朋友发现其才华,收为学生,同时也意外受到父亲的宠爱,被姐姐们嫉妒。后来王竹林老师建议凌叔华去拜宫廷女画师缪素筠为师,让她见识一下丹青高手,"不光看她如何作画,还要留心她日常生活的一切,言谈,举止,艺术趣味,以及一切跟她画画有关的东西"(凌叔华,2011)。凌叔华老师是按照中国文化的核心观念,即儒家的礼,来讨论如何培养画家的。写作和绘画要求举止合度,"艺术家的生活就是一种艺术"(魏淑凌,2008)。父亲和她一起看画,"这幅笔墨老辣,秋天的山水着色潇洒卓绝,情真意切"(凌叔华,2011)。父亲的表弟来拜访时,将父亲外公的一大夹山水画送给叔华,其中有十张泼墨和写意画,希望她将来不会辜负家门的期望。父亲也教导她要有文人的傲骨:"你若想将来当个大画家,必须记住:决不可画不想画的东西,画什么都要出乎真心,可不要以画取悦任何人,哪怕他是你爸爸。"(凌叔华,2011)父亲精于书法,通过科举考试进入翰林院任职,"那些新派人物接受西洋的东西时,也会失掉一些东西,他们就不欣赏书法。可你知道,书法是修身养性的佳径,眼手合一,意到笔随,整个身体都有一股气韵"(凌叔华,2011)。

凌叔华以画入文的艺术描写和东方式的家庭故事,使其表述力在心理写实上入木三分,宛如工笔画工整细密的笔法。在《疯了的诗人》中,凌叔华从现代主义"疯癫"主题入手,去探索诗人的内心世界。小说一开始便为透过中国艺术家觉生的视角,将绘画、观察大自然和吟诗结合在了一起。觉生在某个春日的回家途中,转过山腰,雨稍止,被眼前的九龙山景色所吸引:

山峰上的云气浩浩荡荡的,一边是一大团白云忽而把山峰笼住,那一边又是一片淡墨色雾气把几处峰峦渲染得蒙蒙漠漠直与天空混合一色了,群山的脚上都被烟雾罩住,一些也看不见。"山万重兮一云,混天地兮不分",他一边吟咏着这两句,觉得方才胸中的惆怅都消散了,轻轻坐在石坡上,"今天眼福真不浅,米氏父子偷摹的云山真样本和王摩诘诗味的烟士披里纯都给我找着了"(凌叔华,2016c)。

文中的唐朝诗人,书画家王维(王摩诘)参禅悟理,被誉为"诗佛",他的山水田园诗呈现出画面感和韵律美,还渗透其哲学理念。

凌叔华笔下的九龙山将绘画、书法和诗歌融为一体。这幅画是"文学的",因为他的体会和行为都受到诗歌的影响——"耳边似乎有人向他念着桃源行的诗句"。听到诗歌和看到风景的感觉糅合了起来。她与众不同的正是这种视觉化、诗歌化的语言特色(劳伦斯,2008)。

觉生看迷了,站住不走。"这不是桃花源吗?"(凌叔华,2016c)作者不仅写出了觉生的迷醉感,而且还写出他对眼前景色的流连忘返,他就成了他所画的自然中的一部分。小说似乎创造了一种"冥想"的心灵状态。弗莱也注意到"中国艺术家的情感在自然中得到升华,引领他进入了一种沉默和沉思的状态,由此而产生了某种感受性",进入了一种启发"谛听"的状态(参见劳伦斯,2008)。弗莱非常关注东方艺术家将"自我"的影响力降到最低点,并在艺术中突出了"超然物外"的特点。这个特点吸引了弗莱等现代主义学者去关注中国美学实践中将主体(即自我)融入客体(风景)之中的现象(劳伦斯,2008)。

回到家后,觉生的母亲说起他妻子双成的病情,她白天昏睡,夜里到园子里漫游。到晚上,双成把他领进她的"小园子",那里有个微缩的小世界:有小泥人觉生在读书台读书,有小泥人双成在种地,觉生被带进双成的幻想世界中,自此,他们双双出现在书房,后园里,携手走过河边、田野,"有时他们跳跃着跑,像一对十来岁的小孩子一样神气"(凌叔华,2016c)。觉生和双成回归儿童状态,是老庄"赤子之心"的理想世界,"复归于婴儿"就是复归于赤子的健康自然之心,是自觉地消除物化之心,删除社会异化带来的人的异质性,再回归赤子之心的本源生机。双成虽然困守闺中,但通过阅读丈夫觉生的书籍,她看到了一个更广阔的世界,而进入她自己创造的女性内心情感世界的"小园子",和觉生通过绘画和诗歌去观察的自然形成鲜明对比。最终是觉生退隐到双成的女性内在的诗意空间。

朱寿桐认为凌叔华《疯了的诗人》记录了双成不堪深闺寂寞,将一腔青春热情移向院中的猫狗、蝴蝶和小园子,更至于夜间幻游于园中。觉生觉得双成精神体验的世界很美,终于为她所同化,也陷入精神病态。"这种病态却是那样地高雅、脱俗,又是那样的温和、轻柔,乃传导着为作家的柔情所明显诗化了的绅士文化精神。"(朱寿桐,1995)凌叔华干净利落地运用了精神分析的现代主义笔法,人物内心深处的病态得到了淋漓尽致的揭示。

小说中提到的宋朝米家山水中的父亲米芾被称为米颠,艺术家的癫狂和儿童的纯真状态,一向是中国美学被赞誉的境界。艺术家的疯癫是摆脱清规戒律的策略之一。重返童真世界,是一种看待世界的新鲜眼光,是一种陌生化的努力。劳伦斯(2008)注意到凌叔华在《古韵》中采用的儿童视角也是一种文学策略,这些天真的观察者说出社会中的不公与腐败,而不必承担完全的政治责任。魏淑凌(2008)也观察到叔华渐渐退回到儿童世界,表现她自己在传统家庭深宅大院里的童年时光,或是在为女子开设的新式学堂里的求学生涯。"在一个性别批评被视为对国家统一威胁的政治化时代,这样的策略暗示了一种选择:女作家如果继续表现妇女所受的压迫,她就必须成为一个小女孩。"退回到儿童的纯真世界,就是在性政治之外建立了一个幻想中的乌托邦。

凌叔华既是五四时期以来新月社的主要作家,同时从小受到著名中国画家的教诲,在传统书画上造诣颇深。她以卷轴参与了中英现代主义两个文化圈的交流,优雅而独立的卷轴本身就是一件美好的事物,代表了她对艺术的热爱,是她向往的那种生活的标志。凌叔华找到了自己的道路,成为一名京派作家中的新传统主义者,她和一群志同道合者都认为有必要重新确立中国传统在现代世界中的地位,使中国文学在传统与现代审美之间保持一种平衡,成为能跻身国际舞台的民族文学(魏淑凌,2008)。

2. 卞之琳的现代诗

卞之琳成为从新月派向现代派转变过程中最有代表性的诗人。在叶公超的帮助下,卞之琳于 1934 年翻译并出版了《传统与个人才能》的第一个汉译本。学者们的确在卞之琳的诗歌创作中发现了艾略特诗歌和理论的踪影。在艾略特的影响下,卞之琳主张"诗的非个人化",这就要求创作时要有一种客观、冷静、理性的态度,他说非个人化"有利于我自己在倾向上比较能跳出小我"(赵毅衡,2013c)。到 30 年代早、中期,卞之琳写诗渐趋成熟,"更喜用非个人化手法设境构象"。"冷血动物"也是卞之琳对自己创作态度的评价,他的诗作与本人一样,总是倾向于克制,显然来自艾略特的诗学原则"诗不是放纵情感而是逃避情感"(Eliot,1934)。《妆台》中"装饰的意义在失却自己"和艾略特强调的"抹杀个性"理论相契合,叶维廉认为艾氏要牺牲"私欲的自我"来获得"超脱个性"之努力是颇为特别的。《妆台》"我完成我以完成你"一句中,"我"美化自己的欲望、意向、设计,会给装饰物以美的形状,这两行诗的深刻性在于一种人生经验的象征:人不是经常会处于一种自我主体与相应客体的互为依存的关系之中(陈丙莹,1998)。

艾略特提出客观对应物(objective correlative)理论,即"用艺术形式表现情感的唯一方式是寻找一个'客观对应物',换句话说,是用一系列实物、场景,一连串事件来表现某种特定的情感;要做到最终形式必然是感觉经验的外部事实一旦出现,便能立刻唤起那种情感"(Eliot,1975)。而玄学派诗人"在最佳状态时总是致力于寻找各种心态和情感的文字对应物"(Eliot,1975)。卞之琳诗意象以新颖、机智、深邃为特色,常有出人意料的奇思与妙悟(陈丙莹,1998)。同时,现代科学的修养无疑也增强了他的哲理意识的"现代感觉性"。《距离的组织》应用了光年、相对论的知识,《雨同我》玻璃杯所盛雨水量测雨量是气象学方法,《候鸟问题》以无线电结尾(陈丙莹,1998)。李广田认为"作者确乎喜欢把科学上的道理放进诗里,而且都造成很好的意象"(转自陈丙莹,1998),卞之琳的这种写法属西方评论家所说的"wit-image"。

这显然受到艾略特及他推崇的 17 世纪上半期英国玄学派大师多恩常用的

五四以来中英文化圈对话与互鉴研究

科学的奇喻的启发。所谓玄学派,无非多奇想,而所谓奇想就是不像一般的吟风弄月,而是爱好科学等一般不入诗的比喻、形象、构思(王佐良,1983b)。玄学派诗人教懂了艾略特如何用机智(wit);艾氏解释这种"机智"为"在轻微的抒情典雅后面暗藏着的粗野的理解性","轻率性及严肃性之联盟"(叶维廉,2003)。《圆宝盒》全诗的结构框架是典型的玄学派的奇喻:圆宝盒整个是个象征。卞之琳追求一种"理智之美",他以《圆宝盒》为例,解说它算是"'心得'吧,'道','知吧',或者,恕我杜撰一个名目,'beauty of intelligence'"(卞之琳《关于,鱼目集》1936年5月10日,天津《大公报文艺副刊》)。汉乐逸(2010)留意到在《圆宝盒》里,诗人的意识或想象力是一种容器或载体,其中的珍珠就是经验的审美沉淀物。江弱水也观察到卞诗中"结晶"的观念反映得相当多。"鱼化石"是感情的结晶,"白螺壳"是生命的结晶,"雪"由云的过饱和溶液沉淀而结晶,"泪"由露水的因缘而结晶。在结晶的过程中,时间起正面的点化、催化工作,变易于是有了积极的意义(江弱水,2000)。繁复的联想、浓缩的暗示、玄妙的运思,充分体现出卞之琳观念化写作方式的特色。

美国华人学者许芥昱在1963年选译的《二十世纪中国诗》中把卞之琳归入玄学派。赵毅衡亦称赞卞之琳为婉约词与玄学诗美妙的融合(赵毅衡,2013b)。卞之琳概括玄学派诗人与20世纪现代诗的关系,认为多恩是玄学派大师,也是英国现代派诗的嫡系远祖(汉乐逸,2010)。熟悉艾略特诗与诗论的卞之琳,由艾略特上溯到玄学派,是自然而然之事。因为,玄学派这个远祖就是艾略特追认的。艾略特在《玄学派诗人》中推崇玄学派能写出"感性的思想,也就是能在感情中重新创造思想",他们能"像闻到一朵玫瑰花香一样立刻感受到他们的思想"(Eliot,1975)。在艾略特看来,复杂多样的世界,诗人们的主体精神世界也将变得日益复杂,而"复杂化、精微化的现代感应性"也是卞诗语言观的内核(刘祥安,2007)。在朱自清先生《新诗杂话》的《诗与感觉》篇中,他发现了卞之琳由感觉发现的丰富想象的方法,"想象的素材是感觉……一些声音、一些香味、一些味觉、一些触觉,也都可以是诗"(参见叶维廉,2003)。卞之琳强调感觉可及的诗的世界,也是现代诗的一个明显的特色,他想做的是"玄思感觉化"(叶维廉,2007)。

赵毅衡指出卞之琳30年代中期的诗作,表现出明显的中国传统,走的是"艾略特诗路"。赵毅衡、张文江在论文《卞之琳:中西诗学的融合》中将卞之琳诗中人称复杂的现象看作复杂的主体变换的结果。"复杂的主体"来源于现代诗人非个人化的主体分层。他们指出,这一主体分层受到了艾略特诗学的影响。在具体分析《尺八》时,赵毅衡指出"尺八"诗人、叙述者和人物三层主体合一:人物是个单纯的怀乡者,叙述者是个抚今思昔的感慨客,而隐指作者是个忧国忧民的爱国者。诗人刚在北京经历过日军兵临城下的危机,尺八的东迁流传,海西客与番客的主客易位,在情节中造成的是戏剧性的波折,归总起来却是隐指作者对祖国式微的哀愁(赵毅衡,2013c)。对应的是艾略特的诗歌有三种声音理论:诗人对自己说话的声音、诗人对听众说话的声音、当时诗人试图创造一个用诗歌韵文说话的主人公的声音。王佐良认为这首诗是卞之琳成熟期的"最好作品"。

卞之琳关注的焦点乃在世界相对关系的认识上,他玩赏着万事万物之间关系之奇妙,并上升到哲学的高度加以观照。到了1937年,佛家的"色空"观念差不多主导了诗人的人生观,偏于智而似不及于情(江弱水,2000)。诗人自己承认"比较玄妙一点,在哲学上倒有佛家的思想"。卞之琳此一阶段的诗歌,虽涉及抽象的哲理,却无一不是具体的形象表现。诗人幻想有一只圆宝盒,大到摄尽全世界的色相,却又小到可以是挂在耳边的宝石珍珠。禅宗惯以"单刀直入"的机锋,让具体的形象作直接的呈露,不依赖于语言解说和论辩,以期使人"一击而悟"。卞之琳30年代中期"跳"得很大、空得很长的写作方式,其不落言筌、不着痕迹的观念象征,确实很有禅宗的风格(江弱水,2000)。

在《鱼化石》中,卞之琳自己解释说,鱼化石的时候,"鱼非原来的鱼,石也非原来的石了。这也是'生生之谓易',近一点说,往日之我已非今日之我,我们乃珍惜雪泥上的鸿爪,就是纪念"(卞之琳,2008)。这首诗描绘蠓虫扑向灯火和希腊神话英雄空抛痴情的无谓,到头来"待我来把你们吹空/像风扫满阶的落红"。卞之琳自己说在该诗中玩弄了"色空观念",用佛学的观点先摈弃浮华的

五四以来中英文化圈对话与互鉴研究

追究,又改成赞美,梦死在光明(灯)下是死得其所。绕灯飞行就画出法论,风扫落红,结果"还是肯定了哪怕是落空的努力",陈丙莹(1998)评价"看破红尘,实际上正好符合他日益要求写诗非个人化、小说戏剧化的倾向"。

卞之琳力求在西方的现代意识同东方传统哲学的某些精义之间找到联结点。在《无题四》中,俚俗的、科学的、哲学的语汇都出现在这首爱情诗里,可谓得玄学派诗风神韵,而以干枯"无情"的、学究的语汇入诗,恰又是姜白石词风的经验。《无题五》全诗的核心是一个奇喻:襟眼变成了"世界"本身。襟眼之"有用"就因为它是"空的"。汉乐逸(2010)认为这是在影射《道德经》中的第十一章:"三十辐共一毂,当其无,有车之用。"圆宝盒在时间的河流上与全世界色相之间的交互动态的关联,不激不随,不即不离,圆活无碍,生生不息。卞之琳(2002)说:"这首诗到底不过是直觉地展出具体而流动的美感。"

庞德要让他最为仰慕的东方古代诗人与当代的读者对话。韦利应和庞德,开始用自由诗译中国诗,让西方读者惊叹中国古典诗歌的"现代性"。他们发现中国诗为现代诗运动"提前一千多年"提供了语言和诗学原则。江弱水也提出中国新诗极具现代性特征的观点,诗人们在保留中国古典诗部分传统的基础上,与西方现代诗形成合力(江弱水,2010)。学者们普遍认为卞之琳外迎西欧现代诗歌和小说的艺术,内承温(庭筠)李(商隐)、姜夔一路婉约诗风和中国哲学的深厚传统,经过吸纳、融汇和创造性的转化。李健吾称卞之琳是一个现代人,卞之琳成为从新月派向现代派转变过程中最有代表性的诗人。赵毅衡盛赞卞之琳"现代性和中国性在卞诗中水乳交融,不泥不隔,使他成为中国新诗史上第一个真正的先锋诗人"(赵毅衡,2013c)。

卞之琳自己在追溯创作道路时总结道,写白话新体诗,要说是"欧化",那么也未尝不"古化"。一方面,文学具有民族风格才有世界意义,另一方面,欧洲中世纪以后的文学,已成世界的文学,现在这个"世界"当然也早已包括了中国。就我自己论,问题是看写诗能否"化古""化欧"(高恒文,2009)。卞之琳用"化欧"来描述自己与那些西方作家的关系,更能准确说明交流的"双向性"。同时,"化古"以盘活古典诗歌的丰厚资产,使之在新的语言形式中获得新生,"化欧"

"化古"一说,显示了诗人主体的存在,同时也是向世界传播中国文化的一种途径。中国现代诗人在西方现代诗中发现了中国传统诗歌的影子,同时对于现代主义诗歌风格技巧,能够加以取舍,改造外来成分,最终使"它们的中国品质占了上风"(王佐良,1983a)。

小　结

　　世界文化多样性既是世界现实多样性的客观存在,也是互学互鉴所依赖的基础,更是创新进步的关键因素,无论未来的世界如何变化,追求差异性中的共同性应该是我们创造美好世界的基本思维和共同价值趋向(彭青龙,2022)。世界文化多样性只有在互学互鉴中才能保持活力。民族文学不是孤立的存在,而是相互影响的结果,"人类文明都不是孤立的体系。现代文明,如果没有从历史上各种文明以及现在还在不断发展的周围文明中大量吸取养分,是不可能发展出自己特有的思维模式,也不可能发展现代的基础设施的,历史上每次文化大分化似乎都是文化融合的结果"(芒福德,2009)。

　　中西方文化与文学交往,始终是双向互动、彼此滋养的关系,中国与西方世界互为"他者"。从"布鲁姆斯伯里集团"和中国新月社的对话和互鉴中,英国现代主义从东方文化的"古老"中找到"崭新"的美学现代性特质。自五四时期以来,中英两个文化圈都体现出对形式变革和对文化交流的重视,在对话中,英国现代主义文学在中国新月社作家的创作中找到踪迹,西方现代派作家从中国认知和审美的"准则"中获益匪浅,他们看到了视觉和文学之间,主体和客体之间界限的消融(劳伦斯,2008),同时英国布鲁姆斯伯里文化圈的作家对中国古老文明有了更深切的理解,对现代中国人的生存状态更为感同身受。两个文化圈可以说频繁互动,携手并进,努力拓展了自由知识分子的公共空间。

　　如果说以徐志摩和卞之琳为代表的作家更多地是把英国文学译介给国内读者,凌叔华、萧乾、叶君健则都在英国用英文发表了自己的作品,或像赵毅衡

五四以来中英文化圈对话与互鉴研究

一样,向西方介绍中国的现当代文学,他们的跨文化翻译也是使中国文学走向世界的重要手段。中国"新月派"作家和他们的英国布鲁姆斯伯里文化圈成员们几乎在同时共同参与了世界现代主义的进程。通过大规模的相互翻译、文化交往,有助于建构一种新的超民族主义的文化认同,实际上消解了所谓西方"单一现代性"的神话,为一种复数的、多元的现代性的诞生铺平了道路。

本书集中梳理了20世纪五四以后中英文化圈的对话和互鉴的某些重要成果,可知英国布鲁姆斯伯里成员向古老的东方寻求现代性的动力,展现了东方文明拯救西方危机这一时代命题。弗莱、伍尔夫和庞德都从东方的艺术中获得灵感,大胆进行形式上的突破,消弭了文学和艺术的界限。凌叔华的艺术创造,进一步印证了文学和艺术两者之间的异质同构特性。卞之琳诗中婉约词和玄学诗美妙的融合,产生了中国特色的现代诗,为中国融入世界文明,积极建构文化主体意识,找到一条传统和现代对接的理想范式。赵毅衡推崇这样一种把中国思想资源,与现代语境创造性地相接的可行道路:中西两者均为辅,艺术家本身的原创力是主体,着重表达个人的信念、观点和艺术。他们不仅将优雅、诗意的古典中国形象传播到西方世界,而且为诞生不久的五四新文学呐喊,着力描摹现代中国的魅力和中国人的情感、思想和心灵。

参考文献

艾略特,1989.基督教与文化[M].杨民生,陈常锦,译.成都:四川人民出版社.

鲍霁,1988.萧乾研究资料[M].北京:北京十月文艺出版社.

贝尔 C,2005.艺术[M].薛华,译.南京:江苏教育出版社.

贝尔 Q,2005.伍尔夫传[M].萧易,译.南京:江苏教育出版社.

贝尔 Q,2006.隐秘的火焰:布鲁姆斯伯里文化圈[M].季进,译.南京:江苏教育出版社.

布鲁姆,2008.误读图示[M].朱立元,陈克明,译.天津:天津人民出版社.

卞之琳,1979.雕虫纪历[M].北京:人民文学出版社.

卞之琳,1981.西窗集(修订版)[M].南昌:江西人民出版社.

卞之琳,1982.沧桑集(杂类散文)[M].南京:江苏人民出版社.

卞之琳,1996.英国诗选:莎士比亚至奥顿[M].北京:商务印书馆.

卞之琳,2002.卞之琳文集[M].合肥:安徽教育出版社.

卞之琳,2003.卞之琳译文集(上)[M].合肥:安徽教育出版社.

卞之琳,2008.三秋草[M].北京:华夏出版社.

布鲁姆,2005.西方正典[M].江宁康,译.南京:译林出版社.

曹伯言,季维龙,1986.胡适年谱[M].合肥:安徽教育出版社.

曹复,1986.走向世界的中国作家叶君健[J].世界博览(9):4-7.

曹万生,2003.现代派诗学与中西诗学[D].成都:四川大学.

陈丙莹,1998.卞之琳评传[M].重庆:重庆出版社.

陈梦家,1931.新月诗选[M].上海:新月书店.

陈平原,2010.中国小说叙事模式的转变[M].北京:北京大学出版社.

陈平原,王德威,2005.北京:都市想象与文化记忆[M].北京:北京大学出版社.

陈倩,2004."和而不同":"布鲁姆斯伯里"与"新月"[D].南京:南京大学.

陈师曾,2018.陈师曾《中国绘画史》[M].沈阳:辽宁美术出版社.

陈思和,2001. 20世纪中外文学关系研究中的"世界性因素"的几点思考[J].中国比较文学(1):8-39.

陈为艳,2017.当文学逢遇视觉艺术:评杨莉馨《伍尔夫小说美学与视觉艺术》[J].中国比较文学(1):201-205.

陈西滢,2000.关于"新月社":复董保中先生的一封信[M]//陈子善,范玉吉.西滢文录.沈阳:辽宁教育出版社.

陈曦,2008.自传、性别与历史:对凌叔华《古韵》的解读[J].武汉科技大学学报,10(5):88-91.

陈晓明,2021. 面向世界的中国现代视野:百年中国文学开创的现代面向思考之二[J].文艺争鸣(6):6-11

陈学勇,1998.凌叔华文存[M].成都:四川文艺出版社.

陈学勇,2005.林徽因文存[M].成都:四川文艺出版社.

陈佑松,2010.主体性与中国文学现代性的缘起.北京:中国社会科学出版社.

陈越,2009.重审与辨正:瑞恰慈文艺理论在现代中国的译介与反应[J].中国现代文学研究丛刊(2):95-107.

陈子善,1998.叶公超批评文集[M].珠海:珠海出版社.

程新,1986.港台·国外谈中国现代文学作家[M].成都:四川文艺出版社.

程章灿,2005.魏理与布卢姆斯伯里文化圈交游考[J].中国比较文学(1):32-148.

狄更生,2008."中国佬"信札:西方文明之东方观[M].卢彦明,王玉括,译.南京:南京出版社.

丁亚平,2010.水底的火焰.北京:中国人民大学出版社.

丁子江,2015.罗素与中华文化:东西方思想的一场直接对话[M].北京:

北京大学出版社.

董洪川,2004."荒原"之风:T.S.艾略特在中国[M].北京:北京大学出版社.

冯崇义,1994.罗素与中国:西方思想在中国的一次经历[M].北京:生活·读书·新知三联书店.

弗莱,2005.视觉与设计[M].易英,译.南京:江苏教育出版社.

弗莱,2009.塞尚及其画风的发展[M].沈语冰,译.桂林:广西师范大学出版社.

弗莱,2010.弗莱艺术批评文选[M].沈语冰,译.南京:江苏美术出版社.

符家钦,1986.翻译家萧乾[J].中国翻译(6):37.

傅光明,1992.萧乾和他的文学翻译[J].中国翻译(1):46-48.

傅光明,孙伟华,1992.萧乾研究专集[M].北京:华艺出版社.

高奋,2012a.霍加斯出版社与英国现代主义形成和发展[J].中国出版(7):56-60.

高奋,2012b.现代主义与东方文化[M].杭州:浙江大学出版社.

高奋,2016.弗吉尼亚·伍尔夫的"中国眼睛"[J].广东社会科学(1):163-172.

高恒文,2009.卞之琳作品新编[M].北京:人民文学出版社.

戈登,2000.弗吉尼亚·伍尔夫:一个作家的生命历程[M].伍厚恺,译.成都:四川人民出版社.

格里德尔,2002.知识分子与现代中国[M].单正平,译.天津:南开大学出版社.

葛桂录,2006.中英文学关系研究的历史进程及阐释策略[J].四川外语学院学报(4):9-14.

葛桂录,2009.I.A.瑞恰慈与中国文化交流[J].福建师范大学学报(2):69-80.

葛桂录,2014.含英咀华[M].北京:中央编译出版社.

葛桂录,2015.雾外的远音:英国作家与中国文化[M].福州:福建教育出版社.

汉乐逸,2010.发现卞之琳:一位西方学者的探索之旅[M].李永毅,译.北京:外语教学与研究出版社.

赫琳,2006.伍尔夫之"唯美主义"研究[J].外国文学(6):37-43.

侯海荣,唐楠,2016.徐志摩:在中西文化交流的坐标上[J].通化师范学院学报,37(5):85-89.

侯维瑞,1999.英国文学通史[M].上海:上海外语教育出版社.

黄红春,王颖,2017.新月派翻译理论与实践中的文学观[J].南昌大学学报(人文社会科学版),48(1):127-132.

黄丽娟,2013.构建中国:跨文化视野下的现当代英国旅行文学研究[M].北京:中国社会科学出版社.

黄肖嘉,2016.萧乾中外互译理念探析:兼论现代中国翻译思想的文化话语权诉求[J].内蒙古大学学报(哲学社会科学版),48(6):9-13.

黄宗英,2021."一种独特的诚实":叶维廉先生论艾略特的诗与诗学[J].北京联合大学学报(人文社会科学版),19(2):75-83.

霍洛克,1985.日常生活的陈腐:凌叔华的颠覆性小说[M].波鸿:Brockmeyer学习出版社.

江弱水,2000.卞之琳诗艺研究[M].合肥:安徽教育出版社.

江弱水,2010.古典诗的现代性[M].北京:生活·读书·新知三联书店.

蓝棣之,2002.现代诗歌理论:渊源与走势[M].北京:清华大学出版社.

郎绍君,水天中,1999.二十世纪中国美术文选(上卷)[M].上海:上海书画出版社.

郎绍君,水天中,1999.二十世纪中国美术文选:上卷[M].上海:上海书画出版社.

劳伦斯,2008.丽莉·布瑞斯珂的中国眼睛[M].万江波,等译.上海:上海书店出版社.

李安宅,1934.意义学[M].上海:商务印书馆.

李赋宁,2005.学习英语与从事英语工作的人生历程[M].北京:北京大学出版社.

李欧梵,2001.上海摩登:一种新都市文化在中国1930—1945[M].毛尖,译.北京:北京大学出版社.

李欧梵,2010.现代性的追求[M].北京:人民文学出版社.

李松睿,2015.叙述背后的故事:赵毅衡文艺思想述略[J].新疆大学学报(哲学·人文社会科学版),43(2):88-93.

李小蕾,2012.中国文化"走出去"的先声:萧乾文化译介的启示[J].中州学刊(6):173-175.

李怡,1997.中西交融的理想与现实:论卞之琳诗歌的文化特征[J].江海学刊(5):182-188.

梁实秋,1989.梁实秋文学回忆录[M].长沙:岳麓书社.

梁实秋,1991.梁实秋怀人丛录[M].北京:中国广播电视出版社.

梁锡华,1982.徐志摩新传[M].台北:台湾联经出版事业公司.

林漓,2000.徐志摩文集:小说卷[M].深圳:海天出版社.

林晓霞,2004.凌叔华小说创作的思想意蕴[J].福建师范大学学报(哲学社会科学版)(3):81-85.

林晓霞,2019.凌叔华与世界文学[M].北京:中国社会科学出版社.

凌叔华,2011.古韵[M].傅光明,译.天津:天津人民出版社.

凌叔华,2016a.爱山庐梦影[M].天津:天津人民出版社.

凌叔华,2016b.花之寺[M].天津:天津人民出版社.

凌叔华,2016c.女人[M].天津:天津人民出版社.

凌叔华,2016d.红了的冬青[M].天津:天津人民出版社.

刘洪涛,2006.徐志摩与罗素的交游及其所受影响[J].浙江大学学报(人文社会科学版)(6):154-160.

刘洪涛,2011.徐志摩与剑桥大学[M].北京:商务印书馆.

刘剑梅,2012.庄子的现代命运[M].北京:商务印书馆.

刘介民,2003.类同研究的再发现:徐志摩在中西文化之间[M].北京:中国社会科学出版社.

刘群,2018.新月社的文化策略[M].北京:人民出版社.

刘祥安,2007.卞之琳:在混乱中寻找秩序[M].北京:文津出版社.

刘燕,2000.T.S.艾略特与中国现代诗学[J].外国文学研究(2):101-109.

陆扬,2012.日常生活审美化批判[M].上海:复旦大学出版社.

罗森鲍姆,2006a.岁月与海浪:布鲁姆斯伯里文化圈人物群像[M].徐冰,译.南京:江苏教育出版社.

罗森鲍姆,2006b.回荡的沉默:布鲁姆斯伯里文化圈侧影[M].杜争鸣,王杨,译.南京:江苏教育出版社.

罗素,1996.中国问题[M].秦悦,译.上海:学林出版社.

罗义华,2004.中国的形式批评与文化批评:赵毅衡先生访谈录[J].外国文学研究(4):1-4.

马永波,2015.诗人眼中的画家[M].南昌:江西美术出版社.

芒福德,2009.技术与文明[M].陈允明,等译.北京:中国建筑工业出版社.

毛丹丹,2020.萧乾致哈洛德·艾克敦信札十五封辑注[J].中国现代文学研究丛刊(11):228-242.

孟华,2001.比较文学形象学[M].北京:北京大学出版社.

孟悦,戴锦华,2004.浮出历史地表:现代妇女文学研究[M].北京:中国人民大学出版社.

倪平,2005.新月派的两个支柱:书店、月刊的起讫[J].中国现代研究丛刊(6):269-279.

倪婷婷,2007."五四"文学论集[M].北京:人民文学出版社.

彭青龙,2022.世界文化多样性与交流互鉴[J].外国语文,38(6):1-8.

齐马,2009.比较文学导论[M].合肥:安徽教育出版社.

钱兆明,2016."东方主义"与现代主义:庞德和威廉斯诗歌中的华夏遗产

[M]. 徐长生,王凤元,译. 杭州:浙江大学出版社.

钱兆明,2020. 中国美术与现代主义:庞德、摩尔、史蒂文斯研究[M]. 王凤元,裘禾敏,译. 北京:中国社会科学出版社.

钱锺书,1994. 七缀集[M]. 上海:上海古籍出版社.

乔伊斯,2021. 尤利西斯[M]. 萧乾,文洁若,译. 南京:译林出版社.

瞿世镜,1988. 伍尔夫研究[M]. 上海:上海文艺出版社.

容新芳,2012. I. A. 瑞恰慈与中国文化:中西方文化的对话及其影响[M]. 北京:商务印书馆.

邵华强,应国靖,1983. 徐志摩选集[M]. 北京:人民文学出版社..

沈从文,1931. 论中国创作小说[J]. 文艺月刊,2(4):146-151.

沈从文,1992. 沈从文文集(第十一卷)[M]. 广州:花城出版社

沈语冰,2003. 二十世纪艺术批评[M]. 杭州:中国美术学院出版社.

施瓦布,2011. 文学、权力与主体[M]. 陶家俊,译. 北京:中国社会科学出版社.

史书美,2007. 现代的诱惑:书写半殖民地中国的现代主义(1917—1937)[M]. 南京:江苏人民出版社.

宋韵声,2015. 中英文化团体比较研究[M]. 沈阳:辽宁大学出版社.

苏立文,2014. 中国艺术史[M]. 徐坚,译. 上海:上海人民出版社.

苏雪林,2005. 浮生十记[M]. 南京:江苏文艺出版社.

汤晨光,2006. 奥威尔书信中的萧乾[J]. 民族文学研究(3):166-169.

唐祈,1990. 卞之琳与现代主义诗歌艺术[M]//袁可嘉. 卞之琳与诗艺术. 石家庄:河北教育出版社.

唐岫敏,2012. 英国传记发展史[M]. 上海:上海外语教育出版社.

陶家俊,2009. 文化转化与文化认同:兼论中国文化现代性的认知重构[J]. 解放军外国语学院学报,32(6):86-91.

陶家俊,2016. 中英比较诗学的新境界:论叶公超的中英诗学对话与创新[J]. 外国语文(2):1-7.

陶家俊,2023. 论中国古典气韵论影响下罗杰·弗莱的性灵美学思想[J]. 外国文学研究,45(2):10-21.

陶家俊,张中载,2009. 论英中跨文化转化场中的哈代与徐志摩[J]. 外国文学研究(5):158-166.

童庆生,2004. 普遍主义的低潮:I. A. 理查兹及其基本英语[M]//社会·艺术·对话:人文新视野. 第二辑. 天津:百花文艺出版社.

王德威,2010. 抒情传统与中国现代性:在北大的八堂课[M]. 北京:生活·读书·新知三联书店.

王锦泉,1985. 徐志摩散文选集[M]. 天津:百花文艺出版社..

王宁,2011. 消解"单一的现代性":重构中国的另类现代性[J]. 社会科学(9):108-116.

王宁,2012. 世界文学语境下的华裔流散写作及其价值[J]. 深圳大学学报,29(6):5-10.

王晓渔,2007. 知识分子的内战:现代上海的文化场域[M]. 上海:上海人民出版社.

王一心,李伶伶,2009. 徐志摩·新月社[M]. 西安:陕西人民出版社.

王正,2018. 徐志摩"从罗素"新考[J]. 文化学刊(8):230-233.

王佐良,1983a. 中国新诗中的现代主义:一个回顾[J]. 文艺研究(4):27-36.

王佐良,1983b. 英国诗选[M]. 长沙:湖南人民出版社.

韦勒克,1991. 现代文学批评史:1750—1950(第五卷)[M]. 章安祺,杨恒达,译. 北京:中国人民大学出版社.

魏淑凌,2008. 家国梦影:凌叔华与凌淑浩[M]. 张林杰,译. 天津:百花文艺出版社.

吴虹飞,2003. 瑞恰慈与20世纪三四十年代的文学批评[M]//徐葆耕. 瑞恰慈:科学与诗. 北京:清华大学出版社.

吴鲁芹,2009. 文人相重:台北一月和[M]. 上海:上海书店出版社.

伍尔夫,1989. 一间自己的房间[M]. 王还,译. 北京:生活·读书·新知三联书店.

伍尔夫,1997.达洛卫夫人 到灯塔去[M].孙梁,等译.上海:上海译文出版社.

伍尔夫,2015.到灯塔去[M].王家湘,译.北京:北京十月文艺出版社.

伍尔芙,2001.伍尔芙随笔全集[M].石云龙,等译.北京:中国社会科学出版社.

伍尔芙,2009.伍尔芙日记选[M].戴红珍,宋炳辉,译.天津:百花文艺出版社.

伍厚恺,1999.弗吉尼亚·伍尔夫:存在的瞬间[M].成都:四川人民出版社.

伍娟娟,2010.二十世纪二三十年代新月派对布鲁姆斯伯里的接受[D].上海:华东师范大学.

夏志清,2016.中国现代小说史[M].杭州:浙江人民出版社.

萧乾,1936.忧郁者的自白[M].上海:文化生活出版社.

萧乾,1983.海外行踪[M].长沙:湖南人民出版社.

萧乾,1984.萧乾选集(第四卷)[M].成都:四川人民出版社.

萧乾,1992.萧乾文学回忆录[M]//萧乾.萧乾文集:第7卷.北京:华艺出版社.

萧乾,2001.回顾我的创作道路[M]//全国政协文史资料委员会.文坛档案:当代著名文学家自述.北京:中国文史出版社.

萧乾,2005.萧乾忆旧[M].武汉:湖北人民出版社.

萧乾,2014a.龙须与蓝图[M].北京:外语教学与研究出版社.

萧乾,2014b.未带地图的旅人:萧乾回忆录[M].哈尔滨:北方文艺出版社.

徐志摩,1925.欧洲漫录:第一函给新月[N].晨报副刊,04-02.

徐志摩,1926.《剧刊》始业[N].晨报副刊·剧刊,06-17.

徐志摩,1983.徐志摩全集[M].香港:商务印书馆香港分馆.

徐志摩,1993. 徐志摩全集补编(散文集)[M]. 香港:商务印书馆香港分馆.

徐志摩,2003. 徐志摩未刊日记(外四种)[M]. 北京:北京图书馆出版社.

徐志摩,2005. 徐志摩全集:第2卷,第6卷[M]. 天津:天津人民出版社.

徐志摩,2006. 徐志摩致魏雷[M]//傅光明. 轻轻的我走了:徐志摩书信集. 梁锡华,译. 北京:中国三峡出版社.

徐志摩,2020. 徐志摩自传[M]. 武汉:长江文艺出版社.

杨静远,1989. 弗·伍尔夫至凌叔华的六封信[J]. 外国文学研究(3):9-12.

杨莉馨,2009. 论"新月派"作家与伍尔夫的精神契合与文学关联[J]. 南京师大学报(社会科学版)(2):141-146.

杨莉馨,2011. 论"京派"作家之于伍尔夫汉译与接受的贡献[J]. 首都师范大学学报,3:96-100.

杨莉馨,2015. 伍尔夫小说美学与视觉艺术[M]. 北京:中国社会科学出版社.

杨莉馨,白薇臻,2022. "布鲁姆斯伯里团体"现代主义与中国文化关系研究[M]. 北京:北京大学出版社.

杨莉馨,焦红乐,2020. 弗吉尼亚·伍尔夫:永恒的英伦百合[M]. 武汉:华中科技大学出版社.

杨联芬,2016. 浪漫的中国:性别视角下激进主义思潮与文学(1890—1940)[M]. 北京:人民文学出版社.

杨乃乔,2002. 比较文学概论[M]. 北京:北京大学出版社.

杨义,2004.《萧乾全集》序[J]. 新文学史料(2):52-57.

杨义,2005. 中国现代小说史[M]. 北京:人民文学出版社.

叶君健,1983. 重返剑桥[M]. 北京:生活·读书·新知三联书店.

叶君健,1990. 谈外国文学研究和创作[J]. 外国文学评论(1):112-115.

叶君健,1992. 在一个古老的大学城:剑桥[J]. 新文学史料(3):4-21.

叶维廉,2002. 道家美学与西方文化[M]. 北京:北京大学出版社.

叶维廉,2003.叶维廉文集(卷3)[M].合肥:安徽教育出版社.

叶维廉,2007.中国诗学[M].北京:人民文学出版社.

俞晓霞,2012a.文化对话中的双向误读:以布鲁姆斯伯里集团与中国为例[J].理论争鸣(11):18-23.

俞晓霞,2012b.精神契合与文化对话:布鲁姆斯伯里集团在中国[D].上海:复旦大学.

俞晓霞,2014.从布鲁姆斯伯里集团到新月派:民国自由知识分子群体的形态建构[J].学术月刊,46(11):121-128.

袁可嘉,1980.略论卞之琳对新诗艺术的贡献[J].文艺研究(1):75-82.

袁可嘉,1988.论新诗现代化[M].北京:生活·读书·新知三联书店.

曾小逸,1985.走向世界文学:中国现代作家与外国文学[M].长沙:湖南人民出版社.

翟孟生,2003.以中国为例评《孟子论心》//徐葆耕.瑞恰慈:科学与诗[M].北京:清华大学出版社.

张保红,2018.韦利中国古典诗词直译探析[J].外国语文,34(3):110-118.

张保红,朱芳,2022.画译:20世纪美国诗人汉诗英译新视角[J].外国语文,38(6):102-112.

张剑,2014."旋转在静止中":《四个四重奏》与T.S.艾略特对中国的认知[J].外国语文,30(6):1-6.

张隆溪,2012.从比较文学到世界文学[M].上海:复旦大学出版社..

张曼仪,1989.卞之琳著译研究[M].香港:香港中文大学出版社.

张意,2016.新月派与布鲁姆斯伯里派的文化交往[J].社会科学研究(3):179-185.

章元羚,汪云霞,2017.从此岸到彼岸:论凌叔华《古韵》的跨文化书写[J].华文文学(3):113-118.

赵太侔,1926.国剧[N].晨报副刊·剧刊,06-17.

赵毅衡,1985.远游的诗神[M].成都:四川人民出版社.

赵毅衡,1996.窥者之辩:形式文化学论集[M].长春:时代文艺出版社.

赵毅衡,2002.伦敦浪了起来[M].北京:人民文学出版社.

赵毅衡,2012.好一双中国眼睛[M].合肥:安徽教育出版社.

赵毅衡,2013a.苦恼的叙述者[M].成都:四川出版集团.

赵毅衡,2013b.对岸的诱惑:中西文化交流记[M].成都:四川出版集团.

赵毅衡,2013c.礼教下延之后[M].成都:四川出版集团.

赵毅衡,2022.艺术符号学:艺术形式的意义分析[M].成都:四川大学出版社.

赵毅衡,邓艮,2013.一个符号学者的"自小说":赵毅衡教授学术生涯访谈[J].社会科学家(11):1-5.

赵毅衡,姜飞,2009.英美"新批评"在中国"新时期":历史、研究和影响回顾[J].学习与探索(5):201-205.

郑择魁,1983.试论新月派[J].文学评论(1):77-87.

周蕾,2008.妇女与中国现代性[M].上海:上海三联书店.

周黎燕,2006.行进在"自由"之路上:对萧乾作为自由知识分子的心路考察[J].烟台大学学报(哲学社会科学版)(2):188-191.

周汀,2002.边缘批评:评赵毅衡《礼教下延之后 中国文化批判诸问题》[J].中国比较文学(3):151-154.

周小仪,2002.唯美主义与消费文化[M].北京:北京大学出版社.

周晓明,2001.多源与多元:从中国留学族到新月派[M].武汉:华中科技大学出版社.

朱寿桐,1995.新月派的绅士风情[M].南京:江苏文艺出版社.

朱自清,1990.朱自清全集(第4卷)[M].南京:江苏教育出版社.

朱自清,2003.语文学常谈[M]//徐葆耕.瑞恰慈:科学与诗.北京:清华大学出版社.

庄沐杨,2020.不止"二徐论战":1929年全国美展视野下的艺术批评及新旧争鸣[J].艺术评论(12):24-39.

参考文献

邹赞,2020. 从"形式—文化论"诗学到广义符号学:赵毅衡教授访谈[J]. 吉首大学学报(社会科学版),41(2):21-29.

Auden W H, Isherwood C,1973. Journey to a war[M]. London:Faber and Faber.

Bell J, 1938. Essays, poems and letters[M]. London:The Hogarth Press.

Bell Q,1990. Virginia Woolf:A biography[M]. London:The Hogarth Press.

Bell V,1993. Selected letters of Vanessa Bell[M]. London:Bloomsbury.

Binyon L,1908. Painting in the Far East:An introduction to the history of pictorial art in Asia especially China and Japan[M]. London:Arnold.

Binyon L,1911. The flight of dragon[M]. London:John Murray.

Bloom H,1997. The anxiety of influence:A theory of poetry[M]. Oxford:Oxford University Press.

Bullen J B,1988. Post-Impressionists in England[M]. London:Routledge.

Clark K, 1939. Introduction to Roger Fry, *Last Lectures* [M]. Cambridge:Cambridge University Press.

Coote S,1985. The waste land[M]. Harmondsworth:Penguin.

Edel L,1979. Bloomsbury:A house of lions[M]. London:The Hogarth Press.

Ehre M, Bakhtin M, Holquist M, et al. ,1981. The dialogic imagination [M]. Austin:University of Texas Press.

Eliot T S,1934. After strange gods[M]. London:Faber and Faber.

Eliot T S,1949. Notes towards the definition of culture[M]. New York:Harcourt, Brace and Company.

Eliot T S,1975. Selected prose[M]. London:Faber and Faber.

Forster E M, 1934. Goldsworthy Lowes Dickinson[M]. New York:Harcourt, Brace and Company.

Fry R,1910. Oriental art[J]. Living Age,212:225-239.

Fry R,1911. Post-impressionism[J]. The Fortnightly Review,533(89): 856-867.

Fry R,1926. Transformation:Critical speculative essays on art[M]. London: Chatto & Windus.

Fry R,1939. Last lectures[M]. Cambridge: Cambridge University Press.

Fuller R,1970. Arther Waley in conversation[M]// Madly singing in the mountains:An appreciation and anthology of Authur Waley. London: George Allen & Unwin Ltd.

Greenberg C,1961. Art and culture[M]. Boston: Beacon Press.

Hartley A,1965. Mallarme[M]. Harmondsworth:Penguin.

Johnstone J K,1954. The Bloomsbury Group: A study of E. M. Forster, Lytton Strachy, Virgina Woolf, and their circle[M]. London: Secker and Warburg.

Lawrence P,2003. Lily Briscoe's Chinese eyes: Bloomsbury, modernism, and China[M]. Columbia: University of South Carolina Press.

Lin Hsiu-Ling, 1999. Reconceptualizing British modernism: The Modernist Encounter with Chinese Art[D]. University of Chicago.

Ling S H,1953. Ancient melodies[M]. London: Hogarth Press.

Lowe L,1991. Critical terrains: French and British orientalisms[M]. Ithaca: Cornell University Press.

Lowell A , Asycough F,1921. Fir-flower tablets[M]. Boston: Houghton Mifflin Company.

Mendelson E,1981. Early Auden[M]. London: Faber and Faber.

Mepham J, 1996. Virginia Woolf: A literary life[M]. London: Macmillan Press Ltd.

Mitchell W J T, 1994. Picture theory: Essays on verbal and visual representation[M]. Chicago: Univ. of Chicago Press.

Perlmutter R, 1971. Arthur Waley and his place in the modern movement between the two wars[M]. Michigan: A XEROX.

Potts G, Shahriari L, 2010. Virginia's Bloomsbury[M]. Hampshire: Palgrave Macmillan.

Pound E, 1928. Selected Poems[M]. London: Faber and Faber.

Pound E, 1974. Gaudier-Brzeska[M]. New York: New Directions.

Richards I A, 1929. Practical criticism[M]. New York: Harcourt Brace Jovanovich.

Roberts J H, 1946. "Vision and design" in Virginia Woolf[J]. Publications of the Modern Language Association, 61(3): 835–847.

Said E, 1979. Orientalism[M]. New York: Vintage.

Snow E, 1937. Living China: Modern Chinese short stories[M]. New York: John Day.

Southworth H, 2010. Leonard & Virginia Woolf, the Hogarth Press and the networks of modernism[M]. Edinburgh: Edinburgh University Press.

Stansky P, 1996. On or about 1910: Early Bloomsbury and its intimate world[M]. Cambridge: Harvard University Press.

Waley A, 1958. An introduction to the study of Chinese painting[M]. New York: Grove Press, Inc.

Waley A, 1962. A hundred and seventy Chinese poems[M]. London: Constable and Co. ,Ltd.

Welland S S, 2006. A thousand miles of dream: The journey of two Chinese sisters[M]. Lanham: Rowman & Littlefiled publishers.

Whitworth M, 2001. Virginia Woolf and modernism[M]//Roe S, Sellers S. The Cambridge companion to Virginia Woolf. Shanghai: Shanghai Foreign

Language and Education Press.

Wolfe J, 2011. Bloomsbury, modernism, and the reinvention of intimacy [M]. Cambridge, UK: Cambridge University Press.

Woolf L, 1963. Beginning again: An autobiography of the year 1911—1918[M]. London: The Hogarth Press.

Woolf V, 1940. Roger Fry: A biography[M]. London: The Hogarth Press.

Woolf V, 1967a. Collected essays. 4vols[M]. New York: Harcourt Brace Jovanovich.

Woolf V, 1967b. Moments of being[M]. New York: Harcourt Brace Jovanovich.

Woolf V, 1976. The letters of Virginia Woolf. Vol. 2, 1912—1922. The question of things happening [M]. London: Chattoand Windus.

Woolf V, 1996. Mrs. Dalloway[M]. London: Penguin Books.

Woolf V, 2003. A writer's diary[M]. New York: Mariner Books.

Zhang Wenging, 2001, Bloomssbury Group and Crescent School: Lontact and Comparison[D]. University of Minnesota.

Zhao Y, 1995. The uneasy narrator: Chinese fiction from the traditional to the modern[M]. New York: Oxford University Press.